絲綢之路與敦煌學
下冊

柴劍虹　著

目次

下冊

説「天衣」

「天衣」一詞，據《辭源》等權威工具書所釋，其義有二：其一，「佛教謂諸天人所著的衣服」（出《大智度論》），又云「詩文中多用以稱仙人之衣」；其二，「帝王之衣」（出《南齊書・輿服志》）[1]。這裡並沒有將此詞詞義來源與轉變的問題講準確、清楚，故試説之。

佛教稱在迷界之五趣及六趣中最高最勝之有情為「天」（deva 或 devaloka），而其有情自體（神格化之有情眾生）即諸天「天人」或「天部」，「飛天」一名或即源於此；天人之衣稱「天衣」順理成章；但此詞從梵文佛典譯為漢文，似乎並非始見於鳩摩羅什所譯之《大智度論》。據僧傳所載，羅什譯該經約於後秦姚興弘始四年至七年（402-405），而涼州沙門竺佛念所譯《出曜經》卷十有云：「我今有此著身天衣極細軟好可供博覽。」而竺佛念譯此經約在前秦建元十九年（383）至後秦弘始初年（399）之間，當早於羅什。此外，佛經中出現「天衣」一詞最多者似為東晉罽賓三藏僧伽提婆所譯之《增壹阿含經》，如卷八

1　見《辭源》（修訂本），商務印書館 1979 年版，第 0685 頁。

「軟若天衣而無有異」；卷十四「我於爾時，著一妙服，像如天衣」；卷二七「釋提桓因即以天衣覆此五百女身體上」。僧伽提婆於苻堅建元年間（365-383）到長安，其受命重譯《中阿含經》則始於東晉安帝隆安元年（397）冬，故其採用「天衣」譯名也應該在西元四世紀末，亦略早於羅什。

「天衣」一名為凡間帝王及中國道家所借用，自有其歷史文化背景。

目前所知，帝王（天子）將自身所穿之衣稱為「天衣」，應始於南朝齊武帝蕭賾。《南齊書》卷三《武帝本紀》載：永明十一年（493）七月，「上不豫，……又詔曰：『我識滅之後，身上著夏衣，畫天衣，純烏犀導，應諸器悉不得用寶物及織成等，唯裝復袂衣各一通』」（中華書局點校本 1972 年版，第 61-62 頁）。而《辭源》所引《南齊書》卷十七《輿服志》所言齊明帝事，實稍晚於此：「袞衣，漢世出陳留襄邑所織。宋末用繡及織成，建武中，明帝以織成重，乃彩畫為之，加飾金銀薄，世亦謂為天衣。」（同上，第 341 頁）以彩繪單衣替代織繡重錦，符合齊武帝倡導簡樸之意；而加飾金銀箔，則又迥非武帝本意了。同一人所撰之史書，敘「天衣」名稱之由來已不統一，但「天衣」成為袞衣（龍袍）之代稱當源於此，其物質基礎應是輕薄細軟之中原絲綢。

道家之「天衣」，似源於「羽衣」，即凡人羽化升仙的重要標誌。宋張君房編《雲笈七籤》卷十三：「羽服彩霞何所得？皆自五藏生雲翼。」注云：「後煉形上升，自成五色羽衣。《中天羽經》曰：『輕輕狀蟬翼，燦燦光何極。』蟬為飲氣乘露，故生羽翼；人服元氣，而天衣不礙於體，即可知也。」（中華書局點校本 2003 年版，第 346 頁）說明他們的天衣本應是人體身上自然長出，並非外加之物。但此種說法無從

驗證，難於被信眾認同，故道家亦不免受佛教影響，遂將「天衣」描述為得道後天界賜予之升天工具。如《雲笈七籤》卷八十引述《通靈決精八史圖》之真氣頌：「中有智慧神，被服飛天衣。」（同上書，第1819頁）至於同書卷一一六所稱「七日即可以升天，當有天衣、天樂自來迎接」（同上書，第2561頁），則與佛經中的形容已經相差無幾了。《佛光大辭典》「天衣」條稱：「《往生要集》卷中引《度諸佛境界經》（大八四‧六三上）云：『若於十方世界微塵等諸佛及聲聞眾，施百味飲食、微妙天衣，日日不廢，滿恆沙劫。』此所謂之天衣，即指羽衣。」[2]這個判斷顯然有誤，因為既是可施之物，當非自生之羽翼。《山海經‧海外南經》中早有古代人自生羽翼的例子：「羽民國在其東南，其為人長頭，身生羽。一曰在比翼鳥東南，其為人長頰。」[3]或許正是這神話傳說，給了道家以最初的啟示。《太平廣記》卷二七六引《王子年拾遺記》：「昭王即位三十年，王坐祗明之室，晝而假寐，忽白雲蓊鬱而起，有人衣服皆毛羽，因名羽人。王夢中與語，問以上仙之術。」[4]將羽人仙術提前到西周前期，則分明有道家的宣傳用心在內。

　　佛典中有長壽人每百年用天衣拂石山，歷千載石山淨而世間劫猶未盡的比喻，以勸導世人堅持修行，此即唐人所稱「經窮貝葉，劫盡天衣」[5]。佛、道走「人間化」之路以求普世化之效應與價值，自古至今皆然。故「天衣」亦從天上回到世間，披到僧尼、道士乃至一般俗人身上。在玄奘筆下，「天衣」曾經有過一種最震撼人心的功能：「其

2　《佛光大辭典》，臺灣佛光山出版社影印本1989年版，第1349頁。

3　見袁珂：《山海經校注》，上海古籍出版社1980年版，第187頁。

4　《太平廣記》汪紹楹整理本，中華書局1961年版，第2173-2174頁。

5　盧渙《大唐河南府陽翟縣善才寺文蕩律師塔碑銘》，見《全唐文》卷三三〇，中華書局影印本1983年版，第3342頁。

南窣堵波，是天帝釋捧接菩薩處。菩薩初出胎也，天帝釋以妙天衣跪接菩薩。」[6]現在，我們翻閱《五燈會元》等典籍，便可知「天衣」不僅已經成為佛、菩薩的象徵，而且也已經演化為若干寺院的名稱與禪師的名號。「命天衣之采粲，嘯靈廚之芬芳」[7]，「天衣飲食，自恣滿足」（《大方等大集經》卷十五）。天衣、天食已經從天界之專供，帝王之獨享，逐漸成為廣大信眾觸手可及的東西了。恰如唐延壽所撰《宗鏡錄序》云：「久居闇室，忽臨寶炬之光明；常處躶形，頓受天衣之妙服。」[8]佛教有「天衣法席」，道教自然也可以有「披道士天衣」了（見《雲笈七籤》卷一一七）。

中國古代文學作品中的「天衣」，或頌揚帝王，或描述寺院，或渲染神異，大多與儒、釋、道合一的神仙觀念相關。敦煌寫本《老子化胡經》中《老君十六變詞》宣稱道家的始祖老子「一變之時」便「身著天衣」，不知究竟是「老子化胡（釋）」，還是「胡化老子」，使我們讀了不免忍俊不禁。順便提及，敦煌莫高窟藏經洞所出變文類寫本中，亦有若干關於「天衣」的描寫，如《董永變文》、《妙法蓮花經講經文》、《雙恩記》等，因無特別之處，就不在此贅引了。

如前所引，佛典中「天衣」的最基本特點是柔軟，進而又引申為重量極輕、無縷無織，故曰「天衣無縫」。如《大智度論》卷三四云：「色界天衣無重相，欲界天衣從樹邊生，無縷無織。」[9]這就賦予了文學家以豐富的想像力。

6　季羨林等校注《大唐西域記校注》卷六劫比羅伐窣堵國之八「釋迦誕生處」，中華書局 2000 年版，第 523 頁。

7　嚴可均輯《全上古三代秦漢三國六朝文》之《全晉文》卷一四三王該《日蝕》，中華書局 1958 年版，第 2285 頁。

8　見《全唐文》卷九二二，中華書局影印本 1983 年版，第 9608 頁。

9　參見《佛光大辭典》，臺灣佛光山出版社影印本 1989 年版，第 1348-1349 頁。

　　集漢至宋初野史小説之大成的類書《太平廣記》裡有若干則與「天衣」相關的故事，為說明問題，不妨摘引其中數則如下：

　　卷三十一「許老翁」
　　唐天寶中，益州士曹柳某妻李氏，容色絕代。……著黃羅銀泥裙，五暈羅銀泥衫子，單絲羅紅地銀泥帔子，蓋益都之盛服也。……李既服天衣，貌更殊異，觀者愛之。……見李服色，嘆息數四，乃借帔觀之，則知非人間物。試之水火，亦不焚污。（出《仙傳拾遺》）

　　卷三十一另一則「許老翁」
　　俄使一小童捧箱，內有故青裙、白衫子、綠帔子、緋羅縠絹素，皆非世人所有。（出《玄怪錄》）

　　卷六十八「郭翰」
　　太原郭翰，少簡貴，有清標，姿度美秀，善談論，工草隸。早孤獨處，當盛暑，乘月臥庭中。時有清風，稍聞香氣漸濃。翰甚怪之，仰視空中，見有人冉冉而下，直至翰前，乃一少女也。明豔絕代，光彩溢目，衣玄綃之衣，曳霜羅之帔，戴翠翹鳳凰之冠，躡瓊文九章之履。……徐視其衣，並無縫。翰問之，謂翰曰：「天衣本非針線為也。」（出《靈怪集》）

　　卷九五「洪昉禪師」
　　未幾晨坐，有一天人，其質殊麗，拜謁請曰：「南天王提頭賴吒，請師至天供養。」昉許之。因敷天衣坐昉，二人執衣，舉而騰空，斯須已到。（出《紀聞》）

卷一○二「趙文信」

唐遂州人趙文信，貞觀元年暴死，三日後還蘇。自說云：初死時，被人遮擁驅逐，同伴十人，相隨至閻羅王所。其中有一僧，王先問云：「師在世修何功德？」師答云：「道徒自生以來，唯誦《金剛般若經》。」王聞此語，忽即驚起，合掌贊言：

「善哉善哉！師審誦《般若》，當得升天，何因錯來至此？」言未訖，忽有天衣來下，引師上天去。（出《法苑珠林》）──以上均用汪紹楹整理本，中華書局 1961 年版。

前面三則故事裡的「天衣」，從服裝品種、樣式上看，無論是「黃羅銀泥裙」、「五暈羅銀泥衫子」、「單絲羅紅地銀泥帔子」，「故青裙、白衫子、綠帔子、緋羅縠絹素」，還是「玄綃之衣」、「霜羅之帔」，都與世間所產並無二致，特異處因是天仙所用，不僅無縫，而且「試之水火，亦不焚污」。「洪昉禪師」故事裡的「天衣」，卻有了類似波斯飛毯的功能，可以「舉而騰空」了。「趙文信」故事中的「天衣」，則又有自動飛來飛去的導引功能。至於水火不侵的特異質地，也使我們想起了絲綢之路形成後，西域諸國屢屢「朝貢」中原王朝的「火浣布」和「冰蠶絲」。如《後漢書‧西域傳》載：大秦國「刺金縷繡，織成金縷罽、雜色綾。作黃金涂、火浣布。又有細布，或言水羊毳，野蠶繭所作也。」（中華書局點校本 1965 年版，第 2919 頁）唐許堅等著《初學記》卷二「天部下」云：「王子年《拾遺記》曰：員嶠之山名環丘，有冰蠶，以霜雪覆之，然後作繭。其色五彩，織為文錦，入水不濡。以之投火，經宿不燎。唐堯之代，海人獻以為黼黻。」（中華書局 1962 年版，第 31 頁）我們從眾多「天衣」的故事中，彷彿看到了古代絲路

上中外文化交流的場景。文學的想像力，也總是離不開真實的歷史文化背景和一定的物質基礎。這恐怕也是「天衣」故事給我們的一個啟示。

現在，再讓我們把目光投向與「天衣」相關的彩塑、壁畫等藝術品創作。唐張彥遠《歷代名畫記》卷五就特別提到了寺院壁畫的「瓔珞天衣，創意各異」。古代文學作品裡，對此也有許多描述。如南朝梁簡文帝蕭綱《望同泰寺浮圖》詩云：「梵世陵空下，應真蔽景趨。帝馬咸千轡，天衣盡六銖。意樂開長表，多寶現金軀。」[10]這是寫同泰寺塔佛像天衣視覺之輕薄通透，「六銖」見於《長阿含經》卷二十所說，四天王衣重半兩，忉利天衣重六銖[11]。稍後，著名詩人陰鏗描寫他「游巴陵空寺」時見到的情景：「日宮朝絕磬，月殿夕無扉。網交雙樹葉，輪斷七燈輝。香盡盒猶馥，幡塵畫漸微。借問將何見，風氣動天衣。」[12]雖然寺空殿衰，畫幡塵封，卻仍然能夠依稀感受到畫像上風動天衣的藝術魅力。又如唐人于邵的《觀世音菩薩畫像贊》：「然則菩薩者利益，故觀音者觀世。是用續事，發於童心。相好已具，大圓既照。天衣若飛，楊柳疑拂。以是憑福，信無有邊。」[13]這是寫畫家筆下觀世音菩薩像衣服的飄飛感，與菩薩手中的神奇楊枝的拂動相得益彰。此外，在元代以後的寺窟壁畫中「十六天魔舞」的形象裡，也有「天衣」的影蹤，其史源見於《元史》卷四三「順帝本紀」所載：「時帝怠於政事，荒於游宴，以宮女三聖奴、妙樂奴、文殊奴等一十六人按舞，名為十六天魔，首垂髮數辮，戴象牙佛冠，身被纓絡、大紅銷金長短裙、金

10　見逯欽立輯校《先秦漢魏晉南北朝詩》「梁詩卷二十一」，中華書局 1983 年版，第 1935 頁。

11　見《佛光大辭典》，臺灣佛光山出版社影印本 1989 年版，第 1348 頁。

12　見前引《先秦漢魏晉南北朝詩》「陳詩卷一」，第 2456 頁。

13　見《全唐文》卷四二九，中華書局影印本 1983 年版，第 4370 頁。

雜襖、雲肩、合袖天衣、綏帶鞋襪,各執加巴刺般之器,內一人執鈴杆奏樂。」[14]作為世界文化遺產的敦煌莫高窟,也是五彩嬪紛的天衣匯聚之寶庫。在林林總總的彩塑和絢麗多彩的壁畫中,各種飛天無疑是最具魅力的藝術傑作。這些飛天的動感、姿態,離不開畫家為她(他)們繪製的各式天衣。可以説,沒有這些天衣,飛天就飛不起來,就不可能飛得如此舒展、迅捷,這麼自由自在。不同時代的不同畫家,儘管畫風不一,創意各異,但是刻意描畫天衣的用心如一。我想,他們在構思作品時,腦海中一定會浮現出許許多多關於「天衣」的知識與傳聞,胸中也肯定蘊涵了相關的文化修養,當然也包括對中外絲綢質地的了解(此點我打算另文闡述,茲不贅述),對真正「天衣無縫」的執著追求,無論似出水之「曹衣」,抑或當風之「吳帶」,均成竹在胸,而決非向壁虛構。應該説,這些古代畫家,為我們今天的創作提供了極其寶貴的經驗。我以為,正是由於有這些飛天的創作,「天衣」又有了新的義項——飛天之衣。

從二十世紀四〇年代開始,敦煌研究院內外的幾代敦煌藝術家,從張大千到常書鴻、段文傑、史葦湘、饒宗頤,還有許多知名的和不知名的美術工作者,都在敦煌畫的臨摹與創作中做出了不懈的努力與巨大貢獻,這其中當然也包括繪製「天衣」的藝術實踐。今天,饒宗頤先生的敦煌繪畫在莫高窟展出,也進一步表明了老一輩藝術家對傳承優秀傳統文化藝術的心跡,昭示著我們對天衣飛動的理想社會的美好期盼。謹以此短文呈獻給慶賀饒公九五華誕的繪畫展和學術研討會。

2010 年 7 月 4 日完稿於北京

14　見《元史》,中華書局點校本 1976 年版,第 918-919 頁。

壁畫絲蹤

—— 兼及觀瞻斯里蘭卡石窟得到的啟示

關於敦煌石窟藝術與絲綢的關聯，我曾試著寫過兩篇短文：《説
「天衣」》、《絲綢與飛天》，主要內容是認為石窟壁畫和彩塑中佛、菩
薩、飛天等形象的服飾與中國的家蠶絲織品關係密切，此不贅述。最
近，中國敦煌石窟保護研究基金會在中國人民大學、清華大學等幾所
高校舉辦高清數字化的敦煌壁畫精品巡展，因為圖像格外清晰，得以
貼近畫面細細觀賞即使進洞窟亦不易看清的諸多細節，使我在此論題
上又有一些新的感受。故在本次論壇上舉例簡述並求方家指正。

飛天綢飄帶和伎樂天衣裳　敦煌晉唐之際洞窟壁畫中的飛天是一
大特色，尤其是隋代洞窟的群飛天，其飄曳漫卷的飄帶是造成滿壁風
動效果的重要因素。如莫高窟初唐第 329 窟龕內佛光右上側所繪太子乘
象入胎圖的幾身飛天。我們細觀其飄帶的形態，應該可以得出它們顯
示的材質均是家蠶絲絲綢的結論。據在舞劇《絲路花雨》中英娘的第
一位扮演者賀燕雲教授告知，當年舞「長綢」，因為用的是尼龍紗，不
能如意地舞出飄、垂的各種形態，只好設法在尼龍紗中串了橡膠帶。

此外，據我所知，野蠶（柞蠶）絲因為質地、色澤上的限制，在色彩的印染上也會受到各種侷限。我想，繪製敦煌壁畫飛天的畫師，一定有對家蠶絲絲綢的實際感受。又如莫高窟第 285 窟西魏的幾身伎樂天，姿態舒展，衣帶飄舉，其衣裙的質地亦應是絲綢無疑。尤其是白色緊身上衣的透明感，常使人誤解為赤裸著上身。如果以此再來細細觀賞該窟「得眼林故事畫」上的一幅漂亮的「裸體飛天」，是否也可懷疑此飛天並非「一絲不掛」的裸體，而是穿上了輕薄通透的絲綢服裝（帶有笈多佛教藝術薩爾納特式透明服裝的特徵，請注意其頸部及胸前線條，頸部圓領口線條，與三道彎的「蠶節紋」畫法不同），並與其身披的藍色綢帶相映成趣。

滿身綾羅的普賢菩薩與「東方維納斯」 榆林窟第 3 窟的《普賢變》中菩薩、天王、羅漢、天人等形像是公認的線描與山水樓閣相映成趣的傑作，其中中心人物普賢菩薩的服飾可謂是滿身綾羅，雖然繁複重疊，但衣、帶層次分明，其線條之流暢、飄逸實得益於畫師對其絲綢服飾的準確把握與描繪。又如莫高窟初唐第 57 窟《説法圖》中著名之觀音菩薩畫像，因其體態、形象、神情、服飾之美輪美奐而被譽為「東方維納斯」。我們細觀其衣裙，尤其是上身妝飾，包括其項鏈、臂釧、腕鐲等，均與白色綢衫相得益彰，亦非絲綢而不能達此效果。

胡旋舞連珠、鹿紋小圓毯 莫高窟初唐第 220 窟經變圖上之舞樂圖一直為舞蹈史者所關注，多數研究者認為是唐代從中亞傳人之胡旋舞形象；筆者也曾撰寫過相關文章，指出特別是雙足始終不離小圓毯之特徵與唐段安節《樂府雜錄》中「舞有骨鹿舞、胡旋舞，俱於一小圓毯子上舞，縱橫騰踏，兩足終不離於毯子上」的記載相契合[1]。但

1　見《中國古典戲曲論著集成》一，中國戲劇出版社 1980 年版，第 49、50 頁。

是，由於進原洞窟觀看或看照片均有侷限，一直沒有看清楚此圓毯的細部。現在看了高清圖像，才發現兩組舞者腳下圓毯上清晰的連珠紋樣，中心則是兩頭姿態可愛的小鹿，這就說明此毯確係中亞風格之織品，地域特色鮮明，不僅可作為胡旋舞、骨鹿舞從昭武九姓之康國等地傳來之佐證，也為我們研究絲路上絲毛織品的交流提供了生動形象之圖像資料。（按：圓毯上的連珠及小鹿圖像與「骨鹿」一詞是否還有關聯，容今後待考。）《舊唐書·音樂志》記載：康國樂「舞二人，緋襖，錦領袖，綠綾渾襠袴，赤皮靴，白袴帑。舞急轉如風，俗謂之胡旋」[2]。可見該舞舞者的服裝亦離不開絲綢。

經變畫中的絲綢馱隊　這次細觀莫高窟第 103 窟南壁《法華經變》圖中的高清圖像，得以看清此幅壁畫中的一些細節。我特別注意到其中兩個畫面：一是四人行旅，前者為雙手合十、上身著袒右長巾的胡人，引領一頭馱著貨物的大象，接著是騎在馬上的「富商」（胡裝女主人），後面跟著兩位亦是雙手合十之胡人僕從。從大象身上所馱貨物堆積的形狀及所顯示的圖案判斷，極可能是絲綢；另一也是四人馱隊，前者為著袈裟僧人，後面三位亦系胡人裝束，均合十前行，只是均膚色黝黑，似為從南亞來的朝拜者（唐人顧況詩所云「崑崙兒，騎白象」[3]），圖中一馬空鞍，應為僧侶坐騎，一頭大象馱著貨物，其中大宗與前圖相似，也應該是絲綢。從畫上的青綠山水背景看，我推測這均是從南亞、西域經行絲綢之路而來求經朝拜之僧俗的生動寫照，供養物或所購之物則有絲綢等物品。此場景又使我想起了唐詩人張籍的那首著名的七絕：「邊城暮雨雁飛低，蘆筍初生漸欲齊。無數鈴聲遙過

2　見《舊唐書·音樂志》，中華書局 1975 年版，第 1071 頁。

3　《全唐詩》卷二六五載顧況《杜秀才畫立走水牛歌》，中華書局 1960 年版，第 2946 頁。

磧，應馱白練到安西。」[4]這「無數鈴聲」中，不僅有馬鈴、駝鈴，也有像鈴，不僅響徹絲路，也聲播中原，匯成了經貿與文化交流的交響樂。由此，我又聯想到前不久在斯里蘭卡看到的古代精彩壁畫與絲綢的關係。

丹布拉石窟與獅子岩壁畫　今年九月下旬，我應邀到斯里蘭卡參加「第二屆亞洲佛教文化節」中的「佛教造像與石窟藝術研討會」，除研討交流外，有機會觀瞻了斯國著名的丹布拉石窟和「世界第八大奇蹟」的獅子岩壁畫，頗有收穫。回來之後，我寫了一篇掠影式的遊記《淚眼》，在述及著名高僧法顯曾經絲路到達師子國（即錫蘭島，今斯里蘭卡）時，寫了這樣一段話：

研究中外文化交流的一些學者認為斯里蘭卡是海上絲綢之路的重要一站，這誠然不假；但對於法顯、玄奘等通過西域到南亞的西行求法者來說，對於西元五世紀時已是城中「多薩薄商人」，「諸國商人共市易」（法顯《佛國記》語）之地，斯國又何嘗不是陸上絲綢之路的一處終點呢。[5]

正史《梁書・諸夷列傳》中也明確記載：師子國「諸國商估來共市易」，說明在海上絲綢之路正式開通之前，陸上的絲路貿易和文化交流早已延伸至此。作為南傳佛教的一處聖地，斯里蘭卡也遺存了大量的佛教造像與壁畫。始鑿於西元前一世紀的丹布拉石窟和繪製於西元五世紀晚期的獅子岩壁畫便是明證。

4　《全唐詩》卷三八六載張籍《涼州詞》，中華書局 1960 年版，第 4357 頁。

5　柴劍虹：《斯里蘭卡掠影（一）》，《絲綢之路》2014 年第 3 期。

　　據介紹，丹布拉石窟中現存的佛像製作年代大多在十三、十四世紀之後，其壁畫繪製時代稍早，其中佛、菩薩像的衣服絲綢質感均體現出「曹衣出水」的風格，但因窟內光線較暗，難以細辨其人物衣裳，拍攝照片效果也一般，故僅在此展示其中兩身臥佛的衣紋。而獅子岩殘存的人物壁畫就繪製在內側橘紅色的岩壁上，因光線較好，洞窟低矮，壁畫近在眼前，可以看得比較真切，又允許不用閃光燈拍攝，故可舉幾幅說明其與絲綢之關係。

　　一般認為該處遺存的幾十身人物形象大多赤裸上身，上層是姿態各異的拈花、捧花、散花的天女阿布薩拉（Apsara，在印度原始佛教中與乾闥婆同體，在敦煌壁畫中則演變為千姿百態的飛天）；下層所繪據說為當時宮廷裡的嬪妃與侍女形象，也都拿著供養的花枝。最令人稱奇的是這些一千五百多年前的繪畫均色彩如新，不但冠飾花鈿、瓔珞項鏈及臂釧等都描繪得精緻細膩，而且人物肌膚質感極強，主色調的赭紅、橘黃色彷彿是剛剛塗敷的。現在，我細細觀賞這些圖像裡的肌膚、服飾，發現「赤裸上身」或許又是一個誤會。我們可以分辨出所謂的「赤裸上身」其實是穿了一件短袖的透明度極好的薄紗衣的，不僅袖口上下胳膊的色彩有區別，而且乳房的描繪也說明是掩蓋於紗羅之下，絕非裸露的寫實。這在友人實地拍攝的高分辨率照片中看得更清晰，肚子以上部位有「圓領半截短衫」，腰、臍部分顯示的則是靠近赤道的南亞人裸露的膚色。於是，我又想起了佛典中的「天衣」：佛教稱諸天人所穿衣服為「天衣」，其最基本特點是柔軟薄透，進而又引申為重量極輕、無縷無織，故云「天衣無縫」。《妙法蓮華經》（鳩摩羅什譯本）卷五世尊所說偈語中有「華香諸瓔珞，天衣眾伎樂」、「應以天

華散，天衣覆其身」等句[6]，亦可證壁畫裡的伎樂天根據佛典要求應該是身著薄透天衣的；延壽《宗鏡錄序》中有「常處躶形，頓受天衣之妙服」[7]的說法；敦煌寫本《妙法蓮華經講經文》裡講菩薩：「香油塗了，方著天衣，天衣之上，又取香油灌注如蠟燭云云。」[8]獅子岩壁畫所繪，既有作為「天人」的飛天身著「天衣」的形象，也有世俗的嬪妃、侍女穿絲綢衣裳的形象，這正是人間絲綢服裝在佛教壁畫裡的生動展現。

季羨林先生在《中國蠶絲輸入印度問題的初步研究》一文中，曾根據憍胝釐耶（Kautilīya）所著《治國安邦術》（Arthasastra）一書內容推測：至遲在西元前四世紀中國絲已輸入印度[9]。如是，到西元五世紀，臨近印度的商貿活躍的錫蘭島上有中國絲綢便毋庸置疑。我想，這或許正表明了這些壁畫與絲綢的物質關聯，也是我此番觀瞻斯里蘭卡石窟壁畫得到的啟示之一。

（2013 年 11 月 29 日）

附記：

本文是 2013 年 12 月下旬在中國絲綢博物館舉行的「絲綢與絲綢之路文化論壇」上宣讀並放映 PPT 的論文，鑒於本書排印所附高清圖像的困難，此處省略了文中插圖。有興趣的讀者敬請參看《敦煌研究》二〇一四年第一期第一至六頁所附十五幅插圖。

6　賴永海主編：《佛教十三經・法華經・分別功德品第十七》，中華書局 2010 年版，第 390、391 頁。

7　《全唐文》卷九二二延壽《宗鏡錄序》，中華書局 1983 年版，第 9608 頁。

8　黃征、張涌泉：《敦煌變文校注》卷五錄校俄藏 Φ365 號《妙法蓮華經講經文（二）》，中華書局 1997 年版，第 724 頁。

9　參見《季羨林全集》第十三卷，外語教學與研究出版社 2010 年版，第 116-119 頁。

俄國艾爾米塔什博物館庫藏
原德藏新疆壁畫簡析

　　二〇〇九年三月三十日，我應設於聖彼得堡的俄羅斯科學院東方文獻研究所（原東方學研究所聖彼得堡分所）波波娃所長之邀，到達聖彼得堡參觀在艾爾米塔什博物館舉辦的「千佛洞特展」，同行者有寧欣、古麗比亞、范水等三位學者。因為多年來風聞蘇聯紅軍在一九四五年攻克柏林時，曾經截獲一批德藏的勒柯克、格倫威德爾「新疆收集品」，就保存在艾爾米塔什博物館；我從一九九一年第一次參觀該博物館時，就曾經向有關研究人員提出過這個問題，回答頗為含糊，而之後俄方仍一直秘而不宣。此次因「紀念亞洲博物館建立 190 週年」舉辦「千佛洞特展」，據說正式展出了這批截獲品中的二十八方新疆壁畫殘片。於是，在到俄羅斯之前，我就向波波娃所長提出協助連繫館方參觀這批藏品的要求。

　　三月三十一日上午，經艾爾米塔什博物館負責人同意，由波波娃和福特基金會駐俄代表尤哈諾夫娜女士陪同，我們四人，還有日本京都大學高田時雄教授、法國吐火羅語研究專家皮諾教授及他的兩位研

究生慶昭蓉、荻原裕敏，一行共十人，一同乘車到聖彼得堡西北郊區的艾爾米塔什博物館倉庫，進入一個不到二十平方米的房間，終於看到了掛在八面可推拉牆上的「德國截獲品」。

這些「截獲品」均繫上世紀初期德國「探險隊」在中國新疆庫車、吐魯番地區掠取的精美壁畫殘片，分塊鑲在鐵邊的玻璃框內。每框均有原德國編號 IB（並附出土地點，如：Borte、Kaminhöle、Kyzil 等）和俄國編號 ВД。詢問負責看管此批藏品的普契林先生（魯多娃研究員之子），他說並不清楚這兩種編號的含義。據我一一清點，當時這八面活動牆上所掛壁畫框共一五二塊。另有二十八塊正在「千佛洞特展」中展出，所以總數應該是一八〇塊。這些畫框上的德、俄兩方的編號均不連續：德國編號最高達 6906 號；俄國編號基本上也都在 500 號之後，也有高達 900 多號的，其中缺失的那麼多號所對應的是什麼物品，現在何處，都不清楚。因為這一五二方壁畫不允許我們拍照，而且參觀的時間相當有限，我隨看隨手簡單記錄了一些 ВД 編號壁畫的內容提示：

869（圖案）；919（忍冬紋圖案）；701（庫木吐拉，供養菩薩）

793；687（伯孜克里克，回鶻供養人）；695（出自畫家洞）

719（克孜爾，彈琵琶伎樂）；836（勝金口，共命鳥、有翼飛天？）

686（供養人，臉型瘦削）；757（胡語碎片，三行）；

534（和卓，白描千手千眼觀音，構圖奇特，線條極佳）；

746（三位回鶻供養人，有回鶻文題記）；912（回鶻供養人，注意髮式）

869（女供養人，蒙古人髮式，對襟長袍，有回鶻文題記）；

847（圖上有婆羅米文字）；755（四漢人，穿靴、小帽、束腰帶）；

705（克孜爾，伎樂人）；858（高昌，兩位婆羅門，有蛇，一人持

杆）

　　793（勝金口，有梵文題記，菩薩名？）；744（吹笛伎樂）；

　　744（德國編號：IB6906）

　　由於活動牆要輪換展示，許多鏡框只能匆匆一瞥，括號內的提示是我倉促觀看時的初步印象。所以下面只能談三點粗淺的認識：

　　第一，這些壁畫殘塊，以從拜城克孜爾和吐魯番伯孜克里克千佛洞切割者居多，且均是新疆窟寺壁畫中的精品，主要體現在內容豐富、構圖奇巧、線描精彩。如編號為 ВД534 的一幅千手千眼觀音白描殘畫，構圖與我們通常見到的同類圖完全不同，手眼中還懷抱著象徵待拯救世人的形象，且線描極為精細；又如標明出自勝金口、編號為 ВД836 的一幅有翼飛天，圖上有共命鳥及男女侍者侍奉洗浴的場面。

　　第二，有回鶻文題記及回鶻供養人者不少，有些畫面上題記之多令人驚訝，供養人的服飾描畫大多細緻入微且色彩鮮豔，是研究古代民族語言文字和服飾極為寶貴的資料。如編號為 ВД746 的畫面上有三位回鶻裝供養人，有回鶻文題記；編號為 ВД869 的女供養人似梳蒙古人髮式，亦有回鶻文題記。

　　第三，還有一些壁畫上有若干種其他胡語文字（吐火羅文、婆羅米文）的題記，彌足珍貴。同時，壁畫中也有胡、漢文化交流的蹤跡，如編號 ВД755 的壁畫畫面中有四位漢人形象，均穿鞋、戴小帽、束腰帶；畫上也有回鶻文題記。一幅有吐火羅文題記的畫懸掛較低，同行的皮諾教授乾脆坐在地上依樣臨摹。

　　千佛洞特展為此展編印的圖錄本剛由艾爾米塔什博物館出版，其中首次刊出了這批壁畫中二十八方的圖片，前面有一篇博物館薩瑪休克研究員對格倫威德爾新疆收集品的簡單介紹文章，但文中對這批壁畫如何來到俄羅斯及具體內容仍是語焉不詳。每幅圖片的圖注倒是明

確說明這些壁畫一九四五年前均收藏於柏林藝術博物館。故我推測畫框上的 IB 編號很可能是德文 Indische（印度的）和 Berlin（柏林）的縮略；而蘇聯的 ВД 編號，很可能是俄文 Владетб（掌握、控制、獲取）的縮略。圖錄本對這二十八方壁畫殘塊的內容都有簡要的說明，包括它們的獲取地點、年代、獲取人及在原柏林藝術博物館中的收藏（或陳列）號，詳見本文文後的「附錄」。

綜合耿世民和榮新江兩位教授曾經發表的介紹文章，德國格倫威德爾、勒柯克的四次「吐魯番探險」始於一九〇二年十一月，終於一九一四年初，均有考古報告或劫掠品圖錄出版。第一次（1902.11-1903.3）從伊犁經烏魯木齊到吐魯番，主要盜掘地點在高昌故城、勝金口、木頭溝一帶，劫走文物四十六箱，出版有《1902-1903 年亦都護城及周邊地區的考古工作報告》（慕尼黑，1906）；第二次（1904.11-1905.12）經塔城、烏魯木齊到吐魯番及哈密，主要盜掘地點在高昌故城、伯孜克里克、木頭溝、土峪溝一帶，出版有《高昌——普魯士王國第一次吐魯番考察重大發現品圖錄》（柏林，1913）；第三次（1905.12-1907.4，1906 年 6 月勒柯克因病回國與第二次合為一隊）從塔什干經喀什到庫車，主要活動地點在庫車、焉耆及哈密，劫去文物一一六箱，出版有《新疆古代佛教聖地——1906-1907 年在庫車、焉耆和吐魯番綠洲的考古工作》（柏林，1912）和《古代龜茲》（柏林，1920）；第四次（1913.6-1914.1）經喀什到庫車，盜掘地點就在庫車地區，劫走文物一五六箱，出版有《新疆的土地和人民——德國第四次吐魯番考察隊探險報告》（萊比錫，1928）。《新疆的土地和人民》一書經耿世民先生的促進及吐魯番文物局的支持，已由中華書局在二〇〇八年出版了中譯本，耿先生在書後「附錄」裡對勒柯克於一九二二至一九三三年分別出版的七大冊《新疆佛教古代晚期文物的研究》也有

簡略的介紹。恕筆者遲愚，之前並沒有瀏覽過德國出版的相關圖錄，
最近才在友人處看到新疆教育出版社所出三大冊《新疆佛教藝術》，書
中也複製收錄了德國出版物中的一些圖版，承蒙文化部藝術研究院古
麗比亞研究員協助核對，其中即有目前收藏在愛爾米塔什倉庫中的新
疆壁畫，其尺寸大小已稍有變化，這恐怕是拆運、修復過程所導致。
如其中第三卷圖版的《吐火羅貴族供養人畫像》，原德編目錄號為
IB8372，尺寸為 75cm×51cm，查這次俄國的《千佛洞特展》圖錄，此
壁畫赫然其中（319 號：題名 Донаторы），俄方編號為 ВД821，尺寸為
73cm×50cm，邊緣已有削損。經查閱，此圖在《新疆的土地和人民》
中也有局部展示。這也證明我前面對德國 IB 編號的推測大致不差。現
在的俄藏品中還有另幾幅壁畫殘塊曾經在德國早期印行的圖錄本中刊
出，可以再做細緻的對照。

　　上述新疆古代壁畫殘塊，連同目前依然保存在德國的新疆文物，
均是極其寶貴的藝術珍品，是研究中國古代新疆歷史文化的實物遺
存，也是研究吐魯番學、龜茲學及敦煌學與絲綢之路的重要資料。由
於歷史的原因，它們被劫掠海外，又遭到二次流散的命運。為此，我
鄭重建議：在它們最終回歸故土之前，我們（首先是新疆龜茲學會、
龜茲研究院和吐魯番研究院的學者）應該聯手德、俄兩國的學者，進
一步開放資料，立項進行實質性的合作課題研究，真正弄清楚它們的
來龍去脈，復原它們在新疆各佛窟寺洞壁畫中的位置，進而開展對其
內容及藝術特色的深入研究，以推動文化交流和學術進步。

　　【附錄】
　　俄《千佛洞特展》圖錄刊布的艾爾米塔什藏德國收集品（庫車、
吐魯番）
　　目錄

1. BД626──　龜救商客被殺本生故事，28.0cm×22.0cm，庫車，
　　　　　　克孜爾，5-6世紀愛爾米塔什格倫威德爾收集品專
　　　　　　藏（以下簡稱「格藏」）
　　　　　　格倫威德爾，1912，S.67.Fig.136；（著錄）印度藝術
　　　　　　博物館S.138

2. BД660──　兔焚身施仙人本生故事，27.0cm×23.0cm，庫車，
　　　　　　5-6世紀。「格藏」
　　　　　　格倫威德爾，S.68；印度藝術博物館S.138

3. BД712──　本生故事，36.0cm×16.0cm，庫車，5-6世紀。「格
　　　　　　藏」
　　　　　　格倫威德爾，1912，S.23；印度藝術博物館S.162

4. BД724──　慕魄不言被埋本生，40.0cm×27.0cm，庫車，克孜
　　　　　　爾，5-6世紀。「格藏」
　　　　　　第一次刊布

5. BД781──　風神，17.0cm×22.0cm，庫車，森木塞姆，5-6世
　　　　　　紀。「格藏」
　　　　　　格倫威德爾，印度藝術博物館S.164

6. BД698──　禮佛圖局部，38.0cm×36.0cm，庫車，克孜爾，6世
　　　　　　紀。「格藏」
　　　　　　格倫威德爾，1912，S.113；印度藝術博物館S.194

7. BД692──　八王分舍利局部，43.0cm×20.0cm，54.0cm×21.0cm，
　　　　　　克孜爾，6世紀。「格藏」
　　　　　　格倫威德爾，1912，S.179；印度藝術博物館S.182

8. BД717──　供養菩薩，32.0cm×16.0cm，庫車，克孜爾，6世
　　　　　　紀。「格藏」

勒柯克，瓦爾德施密特，Bd.7.S.49.Taf.17a；印度藝
術博物館 S.174

9. ВД725——菩薩或天女，47.0cm×44.0cm，庫車，克孜爾，6 世
紀。「格藏」

第一次刊布

10. ВД693——婆羅門，80.0cm×18.0cm，庫車，5-6 世紀。「格藏」
勒柯克，瓦爾德施密特，Bd.7.S.48f.Taf.16a；印度藝
術博物館 S.173

11. ВД700——提婆，59.0cm×21.0cm 克孜爾，6 世紀。「格藏」
印度藝術博物館 S.172

12. ВД856——兩 個 人 像，54.0cm×68.0cm，56.0cm×68.0cm， 庫
車，克孜爾，6 世紀。「格藏」

第一次刊布

13. ВД870——龜茲供養人像，60.0cm×65.0cm，克孜爾，6 世紀。
「格藏」
格倫威德爾，1912，S.68；印度藝術博物館 S.175

14. ВД821——龜茲供養人像，73.0cmx50.0cm，克孜爾，6-7 世紀
初。「格藏」
格倫威德爾，1912，S.68；印度藝術博物館 S.134
（查格倫威德爾所著《古代中亞晚期佛教》第 3 卷，
出自第 184 窟）

15. ВД797——供養人，27.0cm×18.5cm，吐魯番，山前第 4 窟，
11 世紀。「格藏」
格倫威德爾，1912，S.212，213Fig.476.；印度藝術
博物館 S.153

16. ВД883——兩個女性供養人，27.0cm×20.0cm，吐魯番，11 世
紀。「格藏」

格倫威德爾，1912，S.212，213Fig.476.；印度藝術
博物館 S.153

17. ВД897——菩薩，58.0cm×34.0cm，吐魯番，伯孜克里克，10
世紀。「格藏」

勒柯克，瓦爾德施密特，Bd.7.S.63.Taf.28a；印度藝
術博物館 S.172

18. ВД798——三個供養人像，24.0cm×34.0cm，吐魯番，伯孜克
裡克（？），11 世紀。「格藏」

第一次刊布

19. ВД791——僧侶，15.5cm×14.5cm，吐魯番，伯孜克里克，10
世紀。「格藏」

勒柯克，柏林，1913，Taf.39g；印度藝術博物館
S.114

20. ВД758——2 個供養人像，32.0cm×19.0cm，吐魯番，伯孜克裡
克，10-11 世紀。「格藏」

第一次刊布

21. ВД752——回鶻貴婦人頭像，24.0cm×24.0cm，吐魯番，伯孜
克里克第 19 窟，11 世紀。

格倫威德爾，1912，S.270；勒柯克，1924.Bd.3.S.41.
Taf.12b；印度藝術博物館 S.172。「格藏」

22. ВД908——兩個回鶻女供養人像，52.0cm×37.0cm，吐魯番，
伯孜克里克第 17 窟，11 世紀

柯克，1924.Bd.3.S.44f.Taf.16；印度藝術博物館

S.137。「格藏」

23. ВД645——禮佛菩薩，20.0cm×18.0cm，吐魯番，高昌，10-11
世紀。「格藏」
第一次刊布

24. ВД810——經變故事三個畫面，62.0cm×27.0cm，吐魯番，伯
孜克里克，10-11 世紀。
格倫威德爾 1912.S.234；印度藝術博物館 S.189。「格
藏」

25. ВД761——僧侶臉部，21.0cm×29.0cm，吐魯番，高昌，10-11
世紀。「格藏」
印度藝術博物館 S.132；勒柯克，柏林，1913.Taf.39a

26. ВД795——貴族供養人像，18.0cm×l2.0cm，吐魯番伯孜克裡克
10-11 世紀。「格藏」
勒柯克，1913.Taf.39i；印度藝術博物館 S.114

27. ВД813——佛本行經變畫局部，86.0cm×56.0cm，吐魯番伯孜
克里克，10-11 世紀。「格藏」
格倫威德爾，1912.S.240；勒柯克，1913.Taf.28；印
度藝術博物館 S.127

28. ВД837——三個供養人像，48.0cm×44.0cm，吐魯番吐峪溝，
11 世紀。「格藏」
印度藝術博物館 S.190

（古麗比亞譯）

敦煌古代體育與歲時節日文化

　　中國甘肅敦煌莫高窟是舉世聞名的文化藝術寶庫，在總數約四千身彩塑、四萬五千平方米壁畫和五六萬卷（號）藏經洞所出的古代寫本中，有十分豐富的體育圖像和文獻資料，成為我們今天研究絲綢之路文化交流與傳統文化遺產傳承的珍貴信息。由於歷史的原因，其中有的圖像與文字資料已經流失海外。近些年來，我幾次到法國巴黎吉美博物館和俄羅斯聖彼得堡艾爾米塔什博物館及東方文獻研究所參觀，也發現有與敦煌古代體育相關的珍貴文物藏品，得以補充我原先知道的資料，引起我的進一步關注，並將它們提供給由李重申、李金梅教授領導的蘭州理工大學體育部及絲路文史研究所。近十多年來，他們在敦煌古代體育文化的研究中做出了顯著的成績，已經發表了不少論文。受到這些研究成果的啟發，本文僅從敦煌古代體育與歲時節日文化關係的角度，提出一些粗淺的認識，請與會專家學者指正。

一、敦煌古代體育活動與歲時節日文化的關係

　　作為古代絲綢之路上商貿發達、文化交匯繁榮的重鎮，自兩晉至隋唐五代時期，敦煌地區的體育活動豐富多彩，幾乎涵蓋了中國古代

體育的各種門類,如角力技巧(角抵、摔跤、相撲、筋斗)、博弈遊藝(棋弈、投壺、風箏、鞦韆、竹馬、藏鉤)、球類(蹴鞠、馬球、步打)、騎射(射箭、賽馬)、投擲競跑(投槊、標槍、擲重、競走)、跳躍(逾高、跳遠)、登高踏青(登山、踏青、滑沙)、水上(游泳、操舟)、武術、舉重、養生等等。這些體育活動有一個顯著的特點,即其中大多與當地的歲時節慶活動密切相關。敦煌研究院的譚蟬雪研究員根據藏經洞所出寫卷與傳世典籍研究,揭示出古代敦煌地區的歲時節慶活動十分頻繁而豐富,這些活動包括佛教及民間宗教信仰的儀式祭典與賽神,以及歲時節慶、婚喪嫁娶等等,每年從正月元日到臘月歲末幾乎持續不斷(如正月就有十四五項之多),成為當時士庶僧眾不可或缺的生活內容。它們既是中國古代歲時節日文化的重要組成部分,又以其鮮明的多元化民族風格與濃厚的體育文化內涵發展了中國優秀的傳統文化。

古代敦煌歲時節慶的體育活動與民眾的日常生活密不可分,既是具有一定經濟物質基礎的休閒及強身健體的需求,又和宗教文化活動的精神營養相關聯。

敦煌自漢代設郡列關之後,逐漸從以畜牧為主發展到以農耕為主的社會。一些與經濟生活相關的歲時節慶活動得以發展、變化、傳承。例如狩獵、射箭等奔馳、投射活動,最早是為了滿足先民的物質需求,後來衍化為節慶活動或禮儀典禮的內容。如古人在歲時祭祀州社的「鄉射」儀式,舉辦婚禮的「儷皮」、「奠雁」之禮,當然既是展示圍獵、騎射成果的一種形式,也是與提倡文武之道相關的慶典。漢晉時期,隨著中原及江漢地區大量移民到河西地區定居,內地的歲時節慶活動也在敦煌一帶落地生根。尤其到唐五代時期,敦煌地區的經濟繁榮,物質豐富,歲有餘糧,寺院眾多,文化教育發達,社會和諧

成為主旋律，這些內地帶來的節慶活動又和當地原有及中亞傳入的民俗交匯融合，成為僧俗民眾節日休閒與強身健體的重要手段。我們在敦煌壁畫裡看到許多騎射畫面，在西魏、北周等時期早期洞窟（如莫高窟第 249、285、290 諸窟）的射獵場景中，被獵動物的形態相對比較真切；而唐代的相關壁畫則主要是描繪人物的騎射動作，獵物往往只是作為「陪襯」的道具來表現，並非實際狩獵活動的再現，象徵意味甚濃，甚至在畫面上幾乎很難看清楚它們的蹤影。例如莫高窟第 321 窟的和尚射箭圖和狩獵畫面，第 358 窟的獵兔圖，第 85 窟的射獅圖等，帶有濃烈的健身色彩。又如「架鷹」本來是狩獵的重要手段，我們可以在甘肅嘉峪關魏晉墓葬的彩繪磚畫裡看到許多栩栩如生的鷹獵圖，但我們看到莫高窟唐代壁畫（如第 85 窟、第 61 窟）裡的「架鷹」圖像，則除了實際的畋獵外，逐漸演變為一種象徵歲時狩獵出行的風俗，又有休閒體育的性質了。歸義軍時期敦煌的「網鷹」之風十分普及，專門設有「鷹坊」，馴養獵鷹供遊獵、娛樂，而且有「神酒」供應網鷹人在夏秋之際祈賽之用。我們還看到，在一些壁畫中，原先射殺飛禽走獸的射獵生活，也已經演變為在節假日裡比準確、較弓力的射擊競賽了。如莫高窟第 61 窟的多幅射鼓、射壇、射鐵豬圖，描繪的均是二人相較的比賽場面。二〇〇五年夏，我在參觀聖彼得堡艾爾米塔什博物館魯多娃博士的工作室時，看到一本畫冊，其中有一幅二人比賽射鼓的敦煌絹畫（現藏巴黎吉美博物館），從畫面背景中渲染的植被或農作物長勢來看，似乎是敦煌地區農曆四月「賽青苗」、五月「賽駝馬」的歲時活動之一。

　　還需要強調指出的，敦煌古代的許多體育活動並不單純是歲時節日文化的衍生或共生現象，更不是扮演依附於宗教活動的弘法宣教角色，而是相對獨立、自成體系、特色鮮明，具有普世價值的人本需求與人文關懷。

　　我在魯多娃博士的工作室，看見有一塊正待修整的敦煌壁畫殘片，恰好是佛畫裡一位信眾托舉佛足的形象，與以前所見甘肅永靖炳靈寺第132窟的北魏時期蹲舉佛足塑像相近，只是這幅壁畫中的舉佛足者身著大袍、長袖衣，站立而舉，服飾更具時代氣息，神態也更為雍容自如。莫高窟第290窟有一幅悉達太子舉大象圖，這也是佛傳故事畫的內容；但我們還看到藏經洞所出的舉象幡畫（現藏倫敦大英博物館），舉象者頭戴襆帽，上身赤裸，下穿紗裙，單手托舉象背，旁有一衣冠整齊的觀者在為之鼓勁讚賞。這哪裡還有佛教的內容？敦煌壁畫和彩塑中的許多宗教圖像，恰恰是世俗生活的折射或直接反映。莫高窟第61窟的舉象、舉鐵鐘圖等畫面，均讓我們彷彿看到了晚唐五代時期敦煌民眾舉行豐富多彩的舉重競賽的生動場面，其中騎馬舉鐵板的畫面則與敦煌四月初的馬騎賽神習俗相關。又如在莫高窟壁畫中有不少角抵畫面，從早期洞窟（如西魏時期的第288窟、西周時期的第428窟）裡繪有頭光的金剛力士的相撲形象，發展到唐五代時期的時人摔跤圖（如第290、321窟壁畫和今藏法國國家圖書館的藏經洞所出白描畫），乃至小兒角抵場景（如第175窟）。摔跤這一體育競技已經是當時社會生活中完全獨立的體育門類了。

　　中國古代的棋類博弈活動種類豐富，傳承悠久，在敦煌也不例外，只是由於絲路的文化交流，敦煌地區的此類活動更為豐富，不僅較早引進了「西域諸國博弈法」，如成為雙陸、長行源頭的「波羅塞戲」[1]，還在學童和寺院僧人中流行，乃至敦煌本《孔子項託相問書》

1　李金梅、李重申《絲綢之路體育圖錄》中說：「波羅塞戲梵語為 Prasaka。據唐朝智周撰寫的《涅槃經‧疏》云：『波羅塞者，此翻象斗，是西域諸國博弈法。』又據《梵綱法藏‧疏》云：『波羅塞戲是西域兵戲法。』」（見是著第265頁，甘肅教育出版社2008年版）西元5世紀初法顯所譯《大般涅槃經》中並無博戲內容，而北涼時代中天竺高僧曇無讖經停敦煌數載後進入中原所譯《大般涅槃經》卷十一中卻有了如下文字：「樗蒲、圍棋、波羅塞戲、師子象斗，彈棋、六博、拍鞠、擲石、投壺、牽道八道行成」，似可證波羅塞等入佛經譯文與敦煌所見的博戲活動有關。

（P.3883）中諷喻各色人等因貪好雙陸博戲而「文案稽遲」、「忘讀詩書」、「耕種失時」。藏經洞所出 P.2418 號《父母恩重經講經文》中將因沉湎於樗蒲賭博列為惡習而加以勸誡。P.3266 卷的王梵志詩中也有「飲酒妨生計，樗蒲必破家」的勸誡詩句。這當然並非敦煌獨有的現象，但也說明了社會上對脫離體育本質的偏向的糾正和一種人文關懷。此外，長期佚失的《碁經》抄本在藏經洞發現（S.5574），存正文七篇和《碁病法》、《碁評要略》（署名梁武帝）兩篇附錄，是研究中國棋類史的珍貴資料；莫高窟壁畫裡又有大量的圍棋圖像，都說明棋類活動在當地普及的程度。

二、敦煌古代體育活動的文化特性

中國古代的歲時節慶活動往往具有全民性。我們從藏經洞所出的一些世俗和寺院文書得知，敦煌在歲時節日舉行的包括樂舞在內的體育活動，帶有鮮明的自發、自娛、自主的群體休閒特點，往往由民間結社（社邑，如女人社）自籌「經費」（大多為胡餅、食油之類）舉辦，衙府、寺院、學校（包括公、私、寺學）支持，具有廣泛的群眾性。不僅婦女、兒童積極參與，寺院的僧人也是其中的活躍分子。敦煌每年正月舉辦的印沙佛活動，成為女人社的「立社條件」之一（參見P.3730v 和 S.6537v 寫卷），也是童子聚沙遊戲的重要內容（參見莫高窟第 23 窟壁畫等圖像）；至於騎竹馬、放風箏等，則有更多的孩童或女子參與。又如前面提及的莫高窟第 321 窟主室南壁的射箭圖，挽弓者即是穿袈裟的僧侶。我們還在莫高窟壁畫中看到多幅童子戲水圖像，在榆林窟第 15 窟的壁畫中還發現了蓮花童子手持步打球與球杆的生動形象。

敦煌地處絲路咽喉，其體育文化具有明顯的地域特色，因地制宜，因時而辦，形成規模與慣例。如唐代盛行的打馬球運動，據史料

記載是初唐時從「西蕃」傳入中原，而敦煌因地處絲路咽喉，此項運動到晚唐歸義軍統治時期仍盛行不衰。敦煌渥窪池是傳說中「天馬」的產地，當地馬匹碩健，為比賽用馬提供了良好條件。據歸義軍時期的敦煌寫卷記載，敦煌專門修築了馬球場，場地規模可以容納萬人（約占當時敦煌全城人口的三分之一），令人驚嘆，除每年四月寒食時節舉行全縣十鄉的馬球比賽外，還可在節慶時操辦歌筵宴賞或操練檢閱時列陣排軍。馬球賽所需酒食由歸義軍衙專門供應（參見 S.1366《歸義軍衙內面酒破用曆》、P.3451《張淮深變文》、敦煌研究院藏 001《歸義軍衙內酒賬》等寫卷）。敦煌還有專門的結社「馬毬會」，毬友稱為「毬伯」（參見 S.5636、P.3691《新集書儀》寫卷）。女子馬球同樣風行。我在巴黎吉美博物館裡看到好幾組唐三彩打馬球俑，以女子形象為多，姿勢優美，形態各異，恰好與藏經洞所出文學作品寫卷裡的描繪及壁畫圖像（如莫高窟第 156 窟打馬球圖）相映成趣。如 S.2049、P.2544 唐人詩抄中一首闕題詩云：

> 時仲春，草木新。……相問同情共言語，閑悶結伴就毬場。……青一隊，紅一隊，軺皆玲瓏得人愛。前回斷當不贏輸，此度若輸沒須賽。脫緋紫，朱錦衣，銀鐙金鞍耀日暉。場裡塵灰馬後去，空中毬勢杖前飛。毬似星，杖如月，驟馬隨風直衝穴。人衣濕，馬汗流，傳聲相問且須休？
> ……

詩歌將敦煌地區仲春時分的馬球賽描繪得栩栩如生、活靈活現。又如藏經洞所出 P.3608《寒食篇》中云：

天運四時成一年，八節相迎盡可憐。

……

池中弄水白鷗飛，樹下拋球彩鶯去。

別殿前臨走馬臺，金鞍更送彩毬來。

毬落畫樓攀柳取，枝搖香徑踏花回。

詩中還描寫了「依稀云裡見鞦韆」、「花場共鬥汝南雞」、「乘舟欲騁凌波步」等場景，説明寒食時節舉辦的活動，並非單一的打馬球，還有諸如盪鞦韆、拋彩球、鬥雞、泛舟等同時進行。此詩雖然寫的是唐代東都洛陽過寒食節的情景，但同樣是當時敦煌地區歲時體育的真實反映。

還有端午節的民眾登攀鳴沙山和滑沙運動，場面同樣壯觀。據莫高窟藏經洞所出《敦煌錄》殘卷（S.5448）記載：

鳴沙山，去州十里。其山東西八十里，南北四十里。高處五百尺，悉純沙聚起。此山神異，峰如削成。其間有井，沙不能蔽。盛夏自鳴，人馬踐之，聲振數十里。風俗：端午日，城中士女皆躋高峰，一齊蹙下，其沙聲吼如雷。至曉看之，峭崿如舊，古號鳴沙，神沙而祠焉。

這種在端午節集體攀登鳴沙山然後滑沙的運動，固然與當地祭祀神沙的民間信仰有關，也是因地制宜，與農曆五月敦煌進入盛夏的氣候密不可分。此時天氣暖和，風力轉弱，便於人們出行活動，而鳴沙山沙丘結構也因熱脹而擴充間隙，眾多登山者一齊滑下，就容易因摩擦而產生雷鳴般的響聲。前些年，敦煌的民俗學會曾經組織當地學校

的師生到鳴沙山集體滑沙，果真產生了沙山轟鳴的奇妙效果。現在，滑沙已經成為鳴沙山旅遊的一個頗有特色的項目。

在敦煌地區，不同節氣的各種賽神活動十分頻繁，如元月賽天王、賽金鞍山神，二月蘇幕遮，四月賽青苗，五月賽駝馬，八月賽張女郎神、網鷹等等，每年要舉辦四五十次之多。只是有的賽神活動也可以轉換在別的節氣舉行，如賽張女郎神的活動又可在清明舉行。敦煌寫卷中有一首《清明日登張女郎神廟詩》（P.3619、P.3885）：

汧水北，隴山東，漢家神女廟其中。寒食盡，清明旦，遠近香車來不斷。飛泉直注淙道間，大岫橫遮隱天半。花正新，草復綠，黃鶯現見遷喬木。汧流括，古樹攢，隴阪高高布雲族。水清靈，竹曖密，無匣仙潭難延碧。淡樓閣，人畫成，翠嶺山花天繡出。塵冥冥，馬盤桓，爭奔陌上聲散散。公子王孫一隊隊，管絃歌舞幾般般。酌醴醑，鋪錦筵，羅幃翠幕掩靈泉。是日淹留不覺寐，歸來明月滿秦川。

詩歌生動地描述了這項在寒食之後的清明期間登張女郎神廟的祭祀活動，實際上已發展為參加人數眾多、分布地域廣（遍及整個河隴地區）、有宴飲、歌舞及奔馬等豐富內容的時令休閒。我們在敦煌壁畫裡看到許多帶有體育雜技的頂桿、角抵、技巧圖像，也可以想見當時敦煌地區這類群眾性休閒與觀賞體育活動的生動場景。

敦煌多民族聚居，又是各種民族文化交流融合、各種宗教兼容並存之地，其體育文化也體現了多元性。例如賽祆、蘇幕遮、賽天王、浴佛、浴僧、驅儺等活動，均帶有各民族、宗教文化交融的特色。有的研究者特別注意到敦煌地區臘月舉行的藏鉤遊戲被敦煌寫卷歸入《釋門雜文》之中，將「遊戲與齋會連繫起來」，「可見佛教的滲透力涉及

社會生活的各個方面」。[2]俄羅斯聖彼得堡東方文獻研究所藏有一張八至九世紀敦煌彩色紙畫殘片，畫面存一身著少數民族服裝的騎手（頭部殘缺）在馬上做側身某動作（似打球，亦似彎弓），馬蹄下三朵雲彩顯示其速度，右上角還有一側身持桿（？）騎者，畫的左側邊緣殘存有回鶻文字跡，說明可能是沙州回鶻時期的馬賽場景[3]。在敦煌壁畫和藏經洞文獻中，儒家的靜坐存養、佛教的禪定觀想、道家的導引煉養等體育養生內容，均有十分豐富的反映。如我們看到一些洞窟裡的小千佛圖，有研究者認為即佛家的「臍密」（禪定）圖像，而元代壁畫裡的十六天魔舞圖，也與密宗的樂舞活動相關。

三、敦煌古代體育活動對今天的啟示

今天，我們探究敦煌古代體育活動與歲時節慶文化的關係，並非僅僅是為了發思古之幽情，還應該從中借鑑和汲取有益的成分，為當代社會生活服務。以我個人粗淺的認識，至少可以獲得以下三點啟示：

第一，社會和諧、經濟繁榮、民族融合是開展群眾性體育活動的基礎，而持續發展的群眾性體育活動和健康、普及的學校體育教育是建設體育大國、體育強國的正確途徑。古代敦煌地區文化多元，思想活躍，且體現出各種宗教並存，民間組織，官衙支持，寺院協助，不分民族、不分士庶，僧眾皆樂於參與的寬容、包容的大度精神，這就為豐富多彩的歲時節慶活動創造了良好的社會環境與氣氛。這正是我

---

2 文中還描述了此遊戲「聯翩九勝，蹢躅十強，叫動天崩，聲遙海沸，定強弱於兩朋，建清齋一會」的情景，詳見譚蟬雪：《絲路明珠傳風情——敦煌民俗》的「歲時節令篇」，甘肅教育出版社 2006 年版，第 129 頁。

3 請參見 *ГІЕЩЕРЫ ТЫСЯЧИ БУДД*，Издательство Государственново Эрмитажа，2008г，стр.310.

們今天需要大力發揚的一種全民參與的精神。二〇〇八年北京奧運會成功舉辦後，中國正處於進一步總結經驗教訓、新挑戰不斷的「後奧運時期」。古代敦煌體育應該有值得借鑑之處。

第二，自實行一週雙休日至增加節日長假以來，中國民眾工作的條件有了很大的變化，但其意義決不能僅僅為了推動旅遊、購物以拉動經濟。古代敦煌的情形告訴我們，中國自古有非常豐富多彩的歲時節慶活動，自發、自主、自娛色彩濃重的休閒體育應該成為廣大城市與鄉村傳統歲時節慶生活的重要組成部分，更好地傳承與發展中國的歲時節日文化；應該用開展豐富多彩的體育活動的方法來充實民眾的節假日生活，使之日益成為民眾不可或缺的切身需求，以促進精神文明建設。

第三，古代敦煌的體育活動告訴我們，體育的根本宗旨是通過各色各類的娛樂和競技活動來達到健體、抒性、養性的目的，以增強全民體質，實現人文關懷。我們要正確、全面地貫徹科學發展觀，使二十九屆奧運會提倡的「人文奧運」理念，逐漸成為全民認同的「人文體育」理念。不但在體育競賽中，要真正提倡和保障公平競爭，更為重要的是，要用日趨健全的法律、制度和輿論來維護各族民眾享受休閒健身與體育教育的平等權利。

（2009 年 3 月）

（本文是參加 2009 年聖彼得堡敦煌學國際研討會所提交論文）

讀《吐魯番考古記》札記

　　中國地質圖書館藏黃文弼先生著《吐魯番考古記》（中國科學院1954年4月印行）一冊，是文弼先生親筆題贈當年西北科學考查團負責人之一袁復禮先生之書，估計是復禮先生擔任武漢地質學院北京研究生院導師期間留贈者，後遂入藏設立於中國地質大學的圖書館（藏書登記號：00039393），又改藏入中國地質圖書館（藏書號UCBL029128）。因今年十月將在烏魯木齊舉辦「黃文弼與中瑞西北科學考查團」國際學術研討會，我請柴新夏從中國地質圖書館借出並複印此書，拜讀之餘，撰此札記。因不克赴會，將此書複印裝訂本托朱玉麒教授贈送新疆師範大學新建立的「黃文弼特藏館」保存，並呈此文求與會方家指正。

　　一

　　該書扉頁左空白頁書寫有黃文弼先生親筆題贈款一行：「希淵先生教正弟黃文弼敬贈一九五四年六月廿九日。」希淵，即袁復禮（1893-1987），字希淵，中國著名地質學家。一九二七年到一九三二年間，他是中瑞西北科學考查團的主要成員，並曾任中方代理團長三年。據《吐

魯番考古記》的「本書內容提要」開端云:「本書材料,是根據前西北科學考查團在新疆吐魯番所蒐集的古代文物編輯而成。」又據本書作者所撰「序言」中講:「本書所附之古維吾爾文,大部分是我在吐魯番所蒐集,或拓自石刻,一部分為袁復禮先生在迪化蒐購,要多為宗教典籍或古代文書,為研究回鶻歷史文化之重要資料。」因此,本書實是西北科學考查團中方後期重要成果之一,作者在是書出版之初立即題贈復禮先生,絕非偶然。

　　讓人感到有疑問的是不僅作者一九五三年八月所撰本書「序言」中並無一字提及中瑞西北科學考查團,而且在「吐魯番考察經過」一節詳敘兩次工作情形時,亦僅在講「第二次工作經過」的「雅爾湖工作完後」,提到「三月二十日始將採集品二十六箱運至吐魯番前西北科學考察團所設立之氣象測候所存放」。(見該書第 11 頁)此外,全書再無一語涉及科學考查團。一九二八年的「第一次工作」,當然是西北科學考查團的任務無疑。據相關資料,一九二九年上半年中方團長徐炳昶回京後被任命為女師大校長,瑞典斯文‧赫定亦有一段時間離開西北,考查團的日常工作即由中方代理團長袁復禮全權處理。另據黃先生所述,考察吐魯番文物遺址的時間是一九三○年二月下旬至四月上旬,亦應是在袁先生負責的西北科學考查團的工作時間及範圍內,所採集的文物自然屬於考查團保管並研究,又為何要強調是「前西北科學考察團」而書序中則完全不提及該團的考察活動呢?

　　據我推測,這除了文弼先生寫書序時的一九五三年已是西北科學考查團結束考察工作近三十年之後這一原因外,恐怕主要與一九二七年中瑞就組成聯合考查團簽訂的協議內容有關。此協議即一九二七年四月二十六日簽署之《中國學術團體協會與斯文赫定博士所訂合作辦法》,共十九條,其中第十六、十七兩條內容如下:

　　第十六條考查完畢時，須用本協會名義發表正式報告。其辦法如左：

　　一　每種科學出一小冊子。其篇幅約完為八開本二百西頁，用中文及西文對照排印。

　　二　此項排印費由本協會擔任之，印成後贈一百部與斯文赫博士。

　　三　報告上所刊著作者之姓氏，除首列兩團長外，其餘團員，均依西文字母次第排列之。

　　四　此項報告，當於考查完畢後二年六個月之內出全。

　　第十七條由此次考查而產生之大部著作，其發表方法規定如左：

　　一　出版須在正式報告出版之後。

　　二　分著作為兩部，關於地質學、人類學、考古學、民俗學等屬甲部，關於地磁學、氣象學、天文學等屬乙部。甲部著作由本協會擔任經費，在中國出版，乙部著作由斯文赫定博士擔任經費，在歐洲出版。雙方交換一百部。其餘自由發行。

　　三　關於甲部之材料，無論是中國團員或外國團員考查所得，統須交與理事會。關於乙部之材料，無論是中國團員或外國團員所得，經理事會於六個月之內審查完畢後，交與斯文赫定博士。

　　四　甲乙兩部中各項著作，須用同一總名概括之，並須照同一版本同一式樣印刷之。

　　五　此項著作用本協會名義發表，其著作人之姓名，分刊各卷之上，但甲部之書，應由中國團長任總編輯，外國團長任副編輯。乙部之書外國團長任總編輯，中國團長任副編輯。

　　然而，由於考察任務結束後中國國內局勢（抗日戰爭、國內革命戰爭）及其他一些原因（北京學術團體協會經費匱乏、活動舉步維

艱），中國學者負責編撰之考察報告及甲部著作公開問世者寥寥，而瑞典方卻自一九三七年起，在斯德哥爾摩陸續出版了五十五冊考察報告，總題名為「斯文赫定博士領導的中國——瑞典考察團中國西北各省科學考察報告」。中國、外國團長擔任總編輯、副總編輯的分工自然也無法兌現了。雖然黃文弼先生忠於職責，除先期整理的《高昌陶集》、《高昌博集》外，以高度負責的學術精神與品格先後完成了《羅布淖爾考古記》（1948，題署為「中國西部科學考察團叢刊之一」）、《吐魯番考古記》（1954）、《塔里木盆地考古記》（1958，題署為「中國田野考古報告集」考古學專刊丁種第三號）三書，但是已經無法與一九二七年協議中發表著作的各項具體規定契合了。加之五〇年代初中國與西方國家的關係，《吐魯番考古記》在封面題署、序言及具體敘述考察經過時不提及西北科學考查團也就可以理解了。

二

恕我譾陋，黃先生在《吐魯番考古記》中著錄並提要說明的三類出土「遺物」（1.古籍寫本及印本、搨本；2.古文書寫本附錢幣及碑誌搨本；3.繪畫及泥塑）有五十七種，另附有「古維吾爾文」寫本與壁畫題字四十件，之前我對此了解甚少。這些資料，誠如黃先生在是書序言中所說，均是研究西域史、回鶻歷史文化的直接而珍貴的資料。據王素先生告知，這些文物中的大多數後來應該是經黃先生之手入藏於歷史博物館（今國家博物館）的，但除少數幾件有學者進一步的研究文章發表外，大多藏入庫房，其中有若干極有進一步研究之價值，卻似乎無人研及，殊為可惜。今依筆者略感興趣的幾件匆作札記，盼識者有以教我。

維摩詰所說經注方便品第二　黃提要說明：「此殘卷出吐魯番，亦為新疆鮑爾漢先生所贈送者。現存三十五行，起『中尊』訖『速朽之

法」。本文下有鳩摩羅什及僧肇注文。凡鳩摩羅什注者稱『羅什曰』。僧肇注者稱『釋僧肇口』。今取與現刻僧肇注本校對，知現刻本注與寫本略有異同，且多刪節。」黃先生對「現刻本」與寫本中的 7 處異同做了說明。

　　黃先生未說明「現刻本」是何種版本。對這兩頁寫本（經文大字，行 14 字；注文小字，行 22 字），我用通行的《大正藏》本做了核對，文字基本相同，稍異之處，茲不一一列舉。據黃先生所述，此當為高宗時期的初唐寫本。我個人覺得這個鳩摩羅什、僧肇的合注本在佛經翻譯史和佛教中國化的歷史上應當具有特別的意義。「胡僧」鳩摩羅什在佛經翻譯與傳播上的卓著功勛毋用贅述，而「關中沙門」僧肇作為羅什最初的得意漢族弟子，其早年深受老、莊學說影響，隨助羅什翻譯注釋佛經時，將釋、老、儒思想融會貫通其中，亦為佛教中國化做出了積極貢獻[1]。如他在《維摩詰經序》開頭所言：「夫聖智無知，而萬品俱照；法身無像，而殊形並應；至韻無言，而玄籍彌布；冥權無謀，而動與事會。」又如其《長阿含經序》開頭所云：「夫宗極絕於稱謂，賢聖以之沖默；玄旨非言不傳，釋迦所以致教。」均為圓融通達之語。這本《維摩詰所說經》的合注，便是一個典型個案。此吐魯番所出唐人寫經雖僅存殘紙，然吉光片羽，彌足珍貴。如能對此作深入研究，功莫大焉。

觀音奴別譯文題識　黃提要說明：「此殘紙出吐魯番。……兩面書寫。正面為漢文佛經斷片，另一行寫於經文上端，為『觀音奴都統所

1　《出三藏記集》卷十四云：羅什譯經「率多闇誦，無不究達。轉解秦言，音譯流利。既覽舊經，義多乖謬，皆由先譯失旨，不與胡本相應。於是（姚）興使沙門僧肇、僧契、僧遷等八百餘人咨受什旨，更令出《大品》。什持胡本，興執舊經，以相讎校。其新文異舊者，義皆圓通，眾心愜服，莫不欣贊焉。」中華書局 1995 年版，第 534 頁。

別譯』八字。背面寫古回鶻文四行，……另有一行漢文書：『別譯文第
一帙訖無安為』十字。兩面所書疑是一事，……所書回鶻文與漢文對
譯，疑同一意義也。又觀音奴疑為人名，『都統所』疑為管理僧侶機
關。」黃先生徵引《元典章》及吐魯番伯孜克里克千佛洞壁畫上三位都
統題款，推測「觀音奴都統」「蓋觀音奴而為都統者也」。

　　黃先生所疑觀音奴為人名確有根據。據我查閱遼、金、元正史，
北方少數民族貴冑官宦中不乏名「觀音奴」者，如《遼史》卷八五之
「蕭觀音奴」「字耶寧，奚王搭紇之孫」；《金史》卷十一之金章宗五年
九月「以宿直將軍完顏觀音奴為夏國生日使」；又，《元史》卷二九：
泰定元年七月「戊申，以籍入鐵木迭兒及子班丹、觀音奴貲產給還其
家」；《元史》卷四五：順帝十八年「九月丁酉朔，詔授昔班帖木兒同
知河東宣慰司事，其妻剌八哈敦云中郡夫人，子觀音奴贈同知大同路
事，仍旌表其門閭」（其時觀音奴已被賊殺害）；《元史》卷四六：順帝
二十五年十月「丁未，益王渾都帖木兒、樞密副使觀音奴擒老的沙，
誅之」；《元史》卷一三七：「脫烈海牙，畏吾氏。世居別失拔里之
地。……弟觀音奴，廉明材幹，亦仕至清顯云。」最著名者當系：「觀
音奴，字志能，唐兀人氏，居新州。登泰定四年進士第。由戶部主
事，再轉而知歸德府。廉明剛斷，發擿如神。民有銜冤不直者，雖數
十年前事，皆千里奔走來訴，觀音奴立為剖決，旬日悉清。」（《元史》
卷一九二）這些同名為「觀音奴」者，民族各不相同（奚、蒙古、回
鶻、黨羌），或係貴冑，或為官宦，有的還聲名顯著。可見在一個時期
中，「觀音奴」一名在北方少數民族中頗受青睞，個中原因我所不知。
而在吐魯番地區，至少直到明代初期，地方長官仍有取觀音奴為名
者，如《明史‧西域傳》載「柳城」（今鄯善魯克沁）：永樂十一年「冬，
萬戶觀音奴再遣使隨（傅）安入貢」。另據王敏慶博士告知：早在南北

朝時期，已有不少人以「羅漢」、「菩薩奴」為名，之後代有延續，如後唐閔帝李從厚即「小字菩薩奴」（見《舊五代史》卷四五），金代哀宗年間也有僧人名「李菩薩」者（見《詞苑叢談》卷八）。可見這些名字當與北方某些少數民族中虔誠的佛教信仰有關。

　　黃先生猜測此佛經殘片中「都統所」是管理僧侶的機關，也有一定根據。管理僧人者稱為「都統」在佛教典籍中亦有記載，《法苑珠林》卷七九載：北魏太武帝「崩，孫文成立，即起浮圖。毀經七年，還興三寶。至和平三年，昭玄都統沙門釋曇曜慨前陵廢，欣今再興，故於北臺石窟寺集諸僧眾譯經傳，流通後賢之徒，使法藏住持，千載不墜」。當然，在晚唐歸義軍時期，敦煌地區流行的僧官兼教授的系列名稱是：都僧統─副僧統─都僧政─僧政─法律─判官（據日本竺沙雅章教授整理），如著名的悟真和尚就曾任沙州地區的「釋門義學都法師、都僧統」。如果這個吐魯番所出佛經殘片中出現的「觀音奴都統」是一名僧官的話，正可說明當時西州地區的僧官制度和敦煌是相同的，也有自己的譯經場所，這頁漢─回鶻文對譯佛經的「觀音奴都統所別譯」題署即是一證。在《宋高僧傳》中，贊寧曾詳細介紹了西晉至宋代譯經組織的精細分工，有譯主、筆受、度語（傳語）、證梵本、潤文、證義、校勘、監護大使等，此實為正規的宮廷譯經。此殘頁出現的「別譯」一名則可令人多一遐想耳。

　　白雀元年物品清單　黃提要說明：「此殘紙大小共二件，系一九二八年我在吐魯番考察時，購自哈拉和卓一農民之手。……『白雀元年』為姚萇在北地稱秦王時年號，白雀三年取長安稱皇帝后，即改元建初。……呂光改元以前，河西及高昌軍奉前秦正朔，姚萇與西域尚未發生關係，高昌似不應有姚萇年號之記錄。故疑此紙為姚萇白雀年間北地難民或商人逃難至高昌時，將所攜帶物，備地方官吏查詢者。」

　　從清單上所寫物品看，多數絲絹織物似與墓葬用品有關，如鉗靖結髮、絹覆面、絹衫、小絹揮、絹被等，還有碧梳、木梳，均在高昌古墓葬中多有發現。至於「絲五十斤」、「兔豪（毫）五百支」，數量頗多，恐怕也與當時高昌對它們的需求有關[2]。當然，這些物品也並非一定是北地難民或商人帶進高昌的。古代西域南疆地區種植桑樹較為普遍，成為養蠶業的基礎，但該地區繰絲技術與絲織工藝起於何時尚難考定，如《魏書・西域傳》記載：離高昌地區不遠的焉耆國「養蠶不以為絲，唯棄綿纊」。《隋書・西域傳》亦言高昌「宜蠶」，但未說明是否即在當地制絲。但是到了唐代，尤其在太宗平高昌置西州之後，內地農耕、蠶桑技術進一步傳入吐魯番地區則應無疑問，《新唐書・地理志》云西州交河郡「土貢：絲、氈布、毹、刺蜜、葡萄五物」，就地取材加工以降低成本並適應需求成為趨勢。吐魯番唐代墓葬出土大量帶有地域風格的絲織品就是明證。該清單物品是否也可說明：其一，生絲是絲織品的原料，高昌地區有絲綢的染織場所和較為發達的染織工藝；其二，兔毫筆在高昌民間、寺院抄寫文書、佛經上的使用已經比較普遍。記得在一次敦煌學的國際研討會上，有一位日本學者曾統計、分析若干寫卷，云某某字跡是羊毫所書，某某是狼毫所書，某某是兔毫所寫，遭到包括筆者在內的不少代表質疑，因為即便是同一毫筆所書，製作工藝水平有高低，發墨稀稠狀況不一，受體（紙張）質地有區別，尤其是書寫者風格不同，運腕用筆力度差異，都會造成字跡上的差異。唐代大書法家歐陽詢之子歐陽通用筆「必以象牙、犀角為筆管，狸毛為心，覆秋兔毫」（見唐張懷瓘《書斷列傳》卷三），雖

2　這個物品清單應是實物登記，與吐魯番古墓葬中普遍存在的「隨葬衣物疏」中常寫的「黃金千斤」、「細錦萬匹」、「絲百千斤」等虛數不同，那隻是生者表達對死者需求的一種供養。參見文物出版社《吐魯番出土文書》各冊中相關內容。

甚為考究，卻幾成笑料；而論者云張芝、鐘繇、王羲之書法「鷹爪含利，出彼兔毫」（唐張彥遠《法書要錄》卷二），講求書者筆法與工具的統一，確係的論。如脫離書寫者的各種因素，僅憑字跡就聲稱能鐵定敦煌、吐魯番古代寫本為何毫之筆所書，貌似唯物，實乃唯心之論。

伊吾軍屯田殘籍 黃提要說明：「此殘紙出吐魯番哈拉和卓舊城中。……上有『伊吾軍之印』朱篆文方印。蓋為伊吾軍屯田冊籍……伊吾軍既在州西北三百里，以形勢計之，疑在今巴勒庫爾一帶。……此一帶土地肥沃，故漢唐兩代均在此屯墾。……文云：『苜蓿烽地五畝近屯』……唐岑參詩有『苜蓿烽邊逢立春』之句，是苜蓿烽為一地名，蓋因種苜蓿而得名。」

中原苜蓿自西域傳來，其對於中國農牧業發展的意義重大，唐詩中頗多將苜蓿與天馬、葡萄等聯詠的詩句。岑參《題苜蓿烽寄家人》詩云：「苜蓿烽邊逢立春，葫蘆河上淚沾巾。閨中只是空相思，不見沙場愁殺人。」因詩句中「苜蓿烽」、「葫蘆河」連詠，故論者多據《大慈恩寺三藏法師傳》和《秦邊紀略》等書引《大唐西域記》所云[3]，推定苜蓿烽「在玉門關西北」，認為是詩作於天寶十四載立春（756）（參見廖立箋注《岑嘉州詩箋注》下冊第757頁，中華書局2004年版）。筆者一九八〇年初在閱讀岑參邊塞詩時曾撰寫過一篇短文《「胡蘆河」考》，考釋該詩中「葫蘆河」的地名等，當時我的結論是：「我認為《題苜蓿烽寄家人》一詩當作於天寶十載（751）立春詩人首次東歸途中，詩中的胡蘆河即唐玉門關附近的疏勒河。這樣，苜蓿烽也可能即是《大慈恩寺三藏法師傳》中所述瓠蘆河西北五烽之一。詩人東歸，故先敘苜蓿烽，後述胡蘆河，符合歸途所見次序。」文中亦注引《大慈恩寺三

3　誠如廖立先生在《岑嘉州詩箋注》該詩箋注中所言，檢索今存《大唐西域記》各本均無「玉門關外有五烽，苜蓿烽其一也」之句，引者不知何據。

藏法師傳》:「（玉門）關外西北又有五烽，候望者居之，各相去百里，中無水草。……唯五烽下有水。」同時說明據馮其庸先生告知「苜蓿烽今仍在唐玉門關遺址附近」[4]。黃先生提要所述「巴勒庫爾」即今哈密市西北約二三百里之巴里坤湖，與唐玉門關的直線距離約八百里。現在看來，如果吐魯番所出的這件屯田殘籍上的「苜蓿烽」與岑參詩中的苜蓿烽為同一烽燧的話，那就說明唐代伊吾軍的屯田區域相當遼闊，至少要從伊州（今哈密）西北三百里一直延伸至敦煌的玉門關附近，恐有千里之遙（僅西北五烽間的間距就有四百里）。否則，上述關於「苜蓿烽」的考訂結論就值得推敲了。至於與此伊吾軍屯田殘籍一起發現的還有「朝請大夫使持兼伊州諸軍事守伊州刺史」題署的殘紙，是否透露出伊州與西州之間的政治、軍事、屯田關聯，也值得進一步思考。

絹畫伏羲女媧神像圖說 黃提要說明：「此畫是一九二八年，得於吐魯番。據本地居民云：『出哈拉和卓西北古冢中，當初發現時，此畫覆蓋死者身上，死者口中還銜二古錢』。一為銅質，上鐫『開元通寶』四字，為唐初所鑄。一為銀質，無孔，上鐫一人頭像，並刻有古西域文字。據本地毛拉云：『是回曆二十八年所造』（西元 648 年）。如毛拉之言可據，則此二錢均屬西元後第七世紀上半期遺物。而此畫年代，當在七世紀上半期以後也。」

現在已知吐魯番唐墓所出伏羲女媧畫像數量甚多，基本圖形相似（伏羲持矩、女媧持規交尾相擁，上下左右為日月星辰），但服飾及風格各異。筆者去年在新疆博物館參加中國敦煌吐魯番學會理事會暨絲

4　馮其庸先生為拙著《敦煌吐魯番學論稿》所撰「序」中云：現今唐玉門關遺址已深埋於雙塔水庫的碧波之中，「至於苜蓿烽，現尚存於雙塔水庫北側的山頂」。又，請參見筆者所著《「胡蘆河」考》一文，《敦煌吐魯番學論稿》，浙江教育出版社 2000 年版，第 272-276 頁。

路歷史文化研討會時提交論文，文中即論及相關圖像的內容、源流及
風格流變，特別指出「唐人是將前人的神話傳說及史籍記載都匯聚在
一起來發揮想像的」，所以唐代的伏羲女媧圖像顯得豐富多彩。如韓國
中央博物館所藏兩幅出自吐魯番古墓葬的伏羲女媧圖，亦是西元七世
紀中後期作品。一幅為 79cm×189cm，麻本彩色（圖 1）；另一幅為
98.2cm×225.5cm，絹本彩色（圖 2）。同時展示的還有高昌、龜茲石窟
的壁畫殘片及敦煌的幡畫等，估計均是被日本大谷探險隊掠走後流入
韓國的。二圖所繪伏羲女媧雖都是唐時服飾，但一圖著 V 型敞領束袖
袍服（胡服？），另一圖著小圓領寬袖短裙裝（漢裝？[5]）；更為奇特的
是，包括圖 2 絹本畫在內，以往我們看到的伏羲女媧圖二人都是連袖
（左右臂連體統袖），而此圖一麻本所繪為二者互有一手搭肩，伏羲右
手所握之墨斗還從女媧右腋垂下，充滿了生活氣息，體現出畫家高超
的想像力與創造性。黃先生在說明的最後提出：「此畫，在墓中發現時
覆蓋於死者身上。但死者為何覆蓋此畫？今不能有一確切答語，或與
古人對於靈魂崇拜有關也。」

　　我推測，唐墓中這些伏羲女媧畫覆蓋於死者身上，似與祭祀先祖
以祈冥福有關，也與自高宗朝起，唐人普遍祭祀伏羲女媧的禮儀有
關。據《舊唐書‧禮儀志》記載，高宗顯慶元年（656）太尉長孫無忌
與禮官等奏議：「宗祀明堂，必配天帝，而伏羲五代，本配五郊，預人
有堂，自緣從祀。」另據《舊唐書‧音樂志》載：高宗室奠獻用《鈞天》
之舞一章，末云「合位媧后，同稱伏羲」。於是，祭奠伏羲、女媧遂風
行全社會，成為一種文化認同。吐魯番唐代墓葬裡的數量頗多的伏羲

5　王敏慶博士認為該圖繪製簡略，衣襬純以梯形簡單表現，且顏色剝落，露出底色白色
　　和絹底色，這可從女媧身上剝落的紅衣露出白底色上看出。所以認為這並非「短裙
　　裝」，而是衣服下襬的簡單處理手法。

女媧圖，應該就是西州地區同樣流行這種祭祀禮儀與葬俗的證據。而且，在圖像上可以看出這種葬禮也是「入鄉隨俗」，雖基本內容一致，而在人物位置、形象、服飾與背景設置上都有變化，風格頗異。

▲ 圖1　韓國藏吐魯番麻本伏羲女媧圖　　▲ 圖2　韓國藏吐魯番絹本伏羲女媧圖

　　結合黃先生所述這幅伏羲女媧圖出土墓葬死者口中所銜二枚古錢（一唐錢、一西域銀幣）來分析此圖（圖3），可能會對當時吐魯番地區的民族交融有更形象的認識。圖中女媧為漢人面容，伏羲則貌似胡人，服飾有別，亦未統袖連臂。

　　是否表明墓主人是胡漢聯姻的家庭成員，所以口中所銜錢幣也是唐、胡兩種，體現出民族文化的交融。《吐魯番考古記》中這幅伏羲女媧圖兩人頭部上緣因漫漶已失去輪廓線，但手持的規、矩及日中金烏形象卻十分清晰；但我查到近期國博在網上刊布的這幅圖，似乎對頭部的輪廓線做了修復，而規、矩及金烏形象卻反而模糊不清了（見圖4），不知道是什麼原因。

▲ 圖3　《吐魯番考古記》　　▲ 圖4　國博刊布的同一幅
　　　　中伏羲女媧圖像　　　　　　　　伏羲女媧圖

　　《吐魯番考古記》中還有許多值得進一步研考的出土資料，如出自伯孜克里克和勝金口千佛洞的壁畫殘片、塑像，多達三十餘件的古回鶻文寫本、印本、石刻與壁畫題識等，均為極有價值之文物。如果能進一步整理、考釋，必將對新疆古代歷史文化的研究，尤其是加深對民族文化交融意義的認識，起到很好的促進作用。

（2013年7月）

談「別譯」
—— 讀《吐魯番考古記》札記之一

　　京都大學人文科學研究所編集《高田時雄教授退職紀念學術論文集》，徵稿於我。高田君是敦煌學國際聯絡委員會幹事長，敦煌吐魯番學界研究民族語言之通才，著述頗豐，學術貢獻甚偉，近些年為國際文化交流奔走亦勤。我對西域民族語言毫無研究，因曾擔任高田教授《敦煌・民族・語言》一書責任編輯，受到啟益，故不揣淺陋，撰此短文以求教正。

　　黃文弼在《吐魯番考古記》（中國科學院考古研究所編輯，中國科學院印行，1954 年 4 月）中著錄並提要説明了中瑞西北科學考查團所獲的吐魯番地區三類出土「遺物」（1.古籍寫本及印本、搨本；2.古文書寫本附錢幣及碑誌搨本；3.繪畫及泥塑），計有五十七種，另附有「古維吾爾文」寫本與壁畫題字四十件。對這些文物，之前我了解甚少。這些資料，誠如是書序言中所説，均是研究西域史、回鶻歷史文化的直接而珍貴的資料。其中一件「觀音奴別譯文題識」（見圖 1）引起我的興趣，故勉力為之札記。

黃文弼對此件所作提要云：

此殘紙出吐魯番。……兩面書寫。正面為漢文佛經斷片，另一行
寫於經文上端，為「觀音奴都統所別譯」八字。背面寫古回鶻文四
行，……

另有一行漢文書：「別譯文第一帙訖無安為」十字。兩面所書疑是
一事，……所書回鶻文與漢文對譯，疑同一意義也。又觀音奴疑為人
名，「都統所」疑為管理僧侶機關。

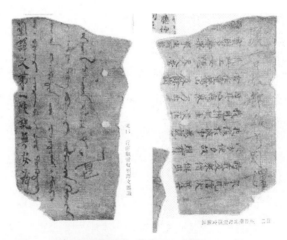

▲ 圖1 　《觀音奴別譯文》殘片正、背面

　　按：觀音奴確係人名。據我查閱遼、金、元正史，北方少數民族
貴冑官宦中不乏名「觀音奴」者，如《遼史》卷八五之「蕭觀音奴」「字
耶寧，奚王搭紇之孫」；《金史》卷十一之金章宗五年九月「以宿直將
軍完顏觀音奴為夏國生日使」；又，《元史》卷二九：泰定元年七月「戊
申，以籍入鐵木迭兒及子班丹、觀音奴貲產給還其家」；《元史》卷四
五：順帝十八年「九月丁酉朔，詔授昔班帖木兒同知河東宣慰司事，

其妻剌八哈敦雲中郡夫人，子觀音奴贈同知大同路事，仍旌表其門閭」（其時觀音奴已被賊殺害）；《元史》卷四六：順帝二十五年十月「丁未，益王渾都帖木兒、樞密副使觀音奴擒老的沙，誅之」；《元史》卷一三七：「脫烈海牙，畏吾氏。世居別失拔里之地。……弟觀音奴，廉明材幹，亦仕至清顯雲。」最著名者當是：「觀音奴，字志能，唐兀人氏，居新州。登泰定四年進士第。由戶部主事，再轉而知歸德府。廉明剛斷，發擿如神。民有銜冤不直者，雖數十年前事，皆千里奔走來訴，觀音奴立為剖決，旬日悉清。」（《元史》卷一九二）這些同名為「觀音奴」者，民族各不相同（奚、蒙古、回鶻、黨羌），或係貴冑，或為官宦，有的還聲名顯著。可見在一個時期中，「觀音奴」一名在北方少數民族中頗受青睞，個中原因我所不知。而在吐魯番地區，至少直到明代初期，地方長官仍有取觀音奴為名者，如《明史·西域傳》載「柳城」（今鄯善魯克沁）：永樂十一年「冬，萬戶觀音奴再遣使隨（傅）安入貢」。另外，早在南北朝時期，已有不少人以「羅漢」、「菩薩奴」為名，之後代有延續，如後唐閔帝李從厚即「小字菩薩奴」（見《舊五代史》卷四五），金代哀宗年間也有僧人名「李菩薩」者（見《詞苑叢談》卷八）。遼代聖宗統和三年（985）「東征女直，都統蕭闥覽、菩薩奴以行軍所經地裡、物產來上」（見《遼史》卷十）。後唐皇帝本姓朱耶氏，始祖拔野；金之先出靺鞨，本號勿吉；遼帝出契丹迭剌部耶律家族。可見這些名字當與北方某些少數民族中虔誠的佛教信仰有關。

　　黃先生猜測此佛經殘片中「都統所」是管理僧侶的機關，也有一定根據。管理僧人者稱為「都統」在佛教典籍中亦有記載，《法苑珠林》卷七九載：北魏太武帝「崩，孫文成立，即起浮圖。毀經七年，還興三寶。至和平三年，昭玄都統沙門釋曇曜慨前陵廢，欣今再興，故於

北臺石窟寺集諸僧眾譯經傳，流通後賢之徒，使法藏住持，千載不
墜」。當然，在晚唐歸義軍時期，敦煌地區流行的僧官兼教授的系列名
稱是：都僧統—副僧統—都僧政—僧政—法律—判官（據日本竺沙雅
章教授整理），如著名的悟真和尚就曾任沙州地區的「釋門義學都法
師、都僧統」。如果這個吐魯番所出佛經殘片中出現的「觀音奴都統」
是一名僧官的話，正可說明當時西州地區的僧官制度和敦煌是相同
的，也有自己的譯經場所，這頁漢—回鶻文對譯佛經的「觀音奴都統
所別譯」題識即是一證。在《宋高僧傳》中，贊寧曾詳細介紹了西晉
至宋代譯經組織的精細分工，有譯主、筆受、度語（傳語）、證梵本、
潤文、證義、校勘、監護大使等，此實為正規的宮廷譯經。此吐魯番
所出殘頁出現的「別譯」一名則又可令人多一遐想耳。

恕我寡聞，作為佛經翻譯的「別譯」之名，除了《高僧傳》卷一
述帛遠（法祖）「既博涉多閒，善通梵漢之語。嘗譯惟逮弟子本五部僧
等三部經。又注首楞嚴經。又有別譯數部小經」之外，似僅見於釋僧
祐的《大集虛空藏無盡意三經記》：

祐尋舊錄，《大集經》是晉安帝世天竺沙門曇摩讖於西涼州譯出，
有二十九卷，首尾有十二段說，共成一經。第一瓔珞品，第二陀羅尼
自在王，第三寶女，第四不眴，第五海慧，第六無言，第七不可說，
第八虛空藏，第九寶幢，第十虛空目，第十一寶髻，第十二無盡意，
更不見異人別譯。（見《全上古三代秦漢三國六朝文・全梁文》卷七
一）

這裡所說的「異人別譯」，我理解並非個別詞彙的不同翻譯，而是
特指同一佛經不同民族文字的另一種譯本，「異人」者，即具備不同民

族身分的人。僧祐在另一篇《梵漢譯經音義同異記》中對此有比較詳盡的説明：

　　天竺諸國，謂之天書。西方寫經，雖同祖梵文。然三十六國，往往有異，譬諸中土，猶篆籀之變體乎。……天竺語稱維摩詰，舊譯解云無垢稱，關中譯云淨名，淨即無垢，名即是稱，此言殊而義均也。舊經稱眾祐，新經云世尊，此立義之異旨也。舊經云干沓和，新經云干闥婆，此國音之不同也。略舉三條，餘可類推矣。是以義之得失，由乎譯人；辭之質文，繫於執筆。或善梵義，而不了漢音；或明漢文，而不曉梵意。雖有偏解，終隔圓通。若梵漢兩明，意義四暢，然後宣述經奧，於是乎正，前古譯人，莫能曲練。所以舊經文意，致有阻礙，豈經礙哉！譯之失耳！昔安息世高，聰哲不群，所出眾經，質文允正，安玄嚴調，既囊囊以條理，支、越、竺、蘭，亦彬彬而雅暢。凡斯數賢，並見美前代，及護公專精，兼習華梵，譯文傳經，不愆於舊。逮乎羅什法師，俊神金照，秦僧融筆，慧機水鏡。故能表發揮翰，克明經奧，大乘微言，於斯炳煥。至曇讖之傳《涅槃》，跋陀之出《華嚴》，辭理辯楊，明逾日月，觀其為美，繼軌什公矣。至於雜類細經，多出四含，或以漢來，或自晉出，譯人無名，莫能詳究。然文過則傷豔，質甚則患野，野豔為弊，同失經體。故知明允之匠，難可世遇矣。（見《全梁文》卷七一）

　　這裡講到「三十六國，往往有異」，提及梵文、天竺語、漢文，述及漢音、梵義、梵意，還有譯人、新經、舊經等，均可作為「別譯」之注腳。我個人以為僧祐這一段話在中國佛經翻譯乃至整個中國翻譯史上具有非常重要的意義，它清晰而又凝練地説明了中國各民族翻譯

家、高僧大德在佛經翻譯中各自的特色、風格、利弊，提出了譯經在內容把握與語言表述上的基本原則。不但例證確鑿，而且文字簡明，又有理論高度，不啻為一篇精彩的翻譯文論[1]。

吐魯番發現的這一「觀音奴別譯文題識」殘片所抄漢文佛經，經檢索系鳩摩羅什所譯《法華經・如來壽量品》上長篇偈語的第二十一至五十七句的殘存部分：

眾生既信伏，質直（後缺失）　　時我及眾僧，俱出（後缺失）
以方便力故，現有（後缺失）　　我復有彼中，為說（後缺失）
我見諸眾生，沒在（後缺失）　　因其心戀慕，乃出（後缺失）
常在靈鷲山，及余諸（後缺失）　　我此主安隱，天人常（後缺失）
寶樹多華果，眾生所（後缺失）　　雨曼□羅（後缺失）

經對照並無一字不同，亦可證這位「觀音奴都統所」的「別譯」乃是指將漢文《法華經》譯本又譯成古回鶻文。黃先生講「所書回鶻文與漢文對譯，疑同一意義也」，我不識古回鶻文，無法辨認其內容是否確是與正面漢文一一對應的回鶻文的《法華經》偈語，識者辨之，當非難事。

黃文弼先生在《吐魯番考古記》中著錄並附圖版的漢—回鶻雙語佛經殘片還有「漢文佛經印本（背面寫古維文）」（見該書圖 19，本文

1　日本《大正新修大藏經》中收《別譯雜阿含經》一部，為漢譯佛教阿含部經典，是《雜阿含經》的另一個翻譯版本，但譯者失傳。原編二十卷，《大正新修大藏經》整編為十六卷。日本學者水野弘元在《解說（一）部派佛教與雜阿含》中推測：「不是峇里語，也不是梵語的一種俗語，所推測是法藏部、化地部等聖典用語，若是犍陀羅語也不是沒有理由的，然而這一點仍有詳細研究之必要。」（見《國譯一切經》《阿含部一》，第 433 頁）

圖2），經檢索漢文為《佛説鹹水喻經》（譯者佚名）中的內容，文字與《人正藏》所收並無二致；還有在書後附錄的幾十個「古維吾爾文寫本」中，也有兩片正面為漢文佛經者（見該書圖92、93）。這些寫本、印本的年代未詳，是否也是「別譯」成回鶻文之佛經，我不能辨。如果是，那就説明了當時在吐魯番地區翻譯漢─回鶻對照的佛經比較普遍。這些「別譯」者的身分也許並不特別重要，關鍵在於我們可以了解到一些佛教經籍在西域傳播過程中一個相當重要的環節──為了在少數民族信眾中宣傳佛教文化，一些漢文經籍又被翻譯成為了少數民族文字。也許這些譯本隨著時代的變遷已經湮滅，但它們在佛教中國化進程中的作用卻是不可忽視的。對此，高田君在《敦煌·民族·語言》的《漢語在吐魯番》等文章中有許多生動的例證和詳盡的論述。這對於我們今天進一步認識中國佛教文化是如何在各民族文化交流中發展、傳承，也有著啟示意義。

▲ 圖2　吐魯番所出佛經印本之正、背面

（2013 年 8 月）

生態環境與佛教石窟保護

──以龜茲石窟的保護為例

　　近幾十年來，因自然災害與人類活動造成的生態環境變化與佛教石窟及其藝術遺珍保護的關係愈顯密切。

　　位於新疆庫車、拜城的克孜爾、庫木吐拉是古代龜茲地區最重要的佛教石窟群。我曾於一九八○年夏初次考察庫木吐拉，為其下層洞窟精美壁畫慘遭河水浸泡而震驚不已，曾經撰寫短文及小詩，在《新觀察》雜誌和《人民日報》發表，呼籲關注「現代文明」對「古代文明」造成的損害，保護龜茲石窟，搶救珍貴的文化遺產。

　　一九九八年七月，龜茲石窟研究所正式向新疆維吾爾自治區領導提交報告，要求廢止東方紅水電站，以解決庫木吐拉石窟的水患。三十多年來，奮戰在第一線的龜茲石窟的同仁們已經為石窟的保護與研究付出了許多心血，石窟的保護也取得了不少成績，同時還存在著有待解決的問題，尤其是地質災害（地震與水患）、人類活動（如建設水庫等）對石窟的威脅日趨嚴重。結合敦煌莫高窟等國內著名石窟在保護方面的經驗與存在的問題，茲僅就我們目前所掌握的一些地質資料

與人為因素進行初步思考，提出以下建議：

其一，要對龜茲石窟存在的地質災害隱患有準確、清醒的認識和科學監測、預防的措施。

克孜爾（北緯 41°47′，東經 82°29′）、庫木吐拉（北緯 41°27′，東經 82°41′）等石窟位於襟一山（卻勒塔格）帶三河（渭幹—木扎提、克孜勒、庫車）的地貌環境，處於地震比較活躍的天山地質斷裂帶（參見《拜城——庫車地形圖》）。目前已知中國境內分布有 23 條地震帶，分為單發式、連發式及活動方式未定三種類型，而新疆沿天山、崑崙山的三條地震帶恰恰均屬於活動方式未定類，更帶有不確定因素。（參見潘懋、李鐵峰編著：《災害地質學》第四章，北京大學出版社 2002 年版）尤其是 20 世紀 60 年代以來該地區地震頻發，1963 年 12 月 18 日，克孜爾正對著的卻勒塔格山南麓發生過里氏 5.2 級的地震；千佛洞西北處則在 2005 年 9 月 23 日、10 月 20 日發生 4.8、4.9 級地震；庫木吐拉石窟附近則於 2009 年 11 月 26 日發生 4.9 級地震。這些均屬破壞力較大的淺層地震。這些地震近年來還有逐漸增多的趨勢。據國家地震臺網的資料，僅 2009 年 8 月 28 日至 2011 年 5 月底，克孜爾附近拜城、庫車、新和三縣境內地區（北緯 41°32-41°99；東經 81°17-83°00）就發生了震級 3.6 至 4.5 的淺層地震 16 次。詳如下表（斜體日期為快報記錄。其餘為正式記錄）所示：

發震日期	發震時刻	緯度（°）	經度（°）	深度（km）	震級
2011-05-31	00：37：06.6	41.99	82.27	10	ML3.8
2011-05-30	15：44：18.5	41.98	82.25	10	ML4.0
2011-05-13	14：48：12.0	41.97	82.33	7	Ms4.4
2011-05-11	21：47：59.9	41.68	81.17	7	ML3.9
2011-01-18	09：00：53.7	41.40	82.04	2	ML4.0

2011-01-12	11：25：35.5	41.65	81.16	7	ML3.7
2010-11-06	21：36：31.5	41.32	81.65	7	ML3.8
2010-06-22	20：57：58.6	41.95	82.55	9	ML4.3
2010-06-22	19：20：09.8	41.98	82.59	7	ML3.8
2010-06-22	11：21：48.0	41.95	82.58	40	Ms4.2
2009-11-26	23：14：18.1	41.82	82.45	8	ML3.6
2009-11-26	19：26：46.3	41.82	82.37	5	ML4.1
2009-09-02	18：16：10.4	41.72	81.53	10	Ms4.5
2009-09-02	16：49：41.7	41.75	81.53	6	ML4.1
2009-09-02	01：33：03.7	41.75	81.51	10	ML3.9
2009-08-28	23：04：59.3	41.87	83.00	2	ML3.6

▲ 表 1　克孜爾－庫木吐拉地震統計表

　　而在上述表格的正式記錄之後，近兩年據地震臺站測定或見於公開報導的拜城、庫車一帶的地震又有十餘次，如：2011 年 5 月 18 日 6 時 18 分至 5 月 24 日 7 時 13 分這 6 天內，在北緯 42.0°、東經 82.3°處先後發生 5 次地震，震級為 3.4 至 4.5 級，震源深度 10 公里；2011 年 7 月 29 日，在北緯 41.3°、東經 83.6°處發生 3.0 級地震，震源深度為 7 公里；2012 年 1 月 5 日 3 點 36 分 59 秒，在北緯 41.2°、東經 83.7°處發生 4.3 級地震，震源深度 11 公裡；2012 年 8 月 14 日零點 32 分 22 秒，在北緯 42.1°、東經 81.8°處發生 3.2 級地震，震源深度 10 公里；2012 年 10 月 1 日 7 時 4 分，新和縣與拜城交界的東經 81.8°、北緯度 41.5°處發生 4.2 級地震，震源深度 19 公里；2012 年 11 月 12 日 7 時 2 分 18 秒，在北緯 41.9°、東經 82.4°處發生 3.0 級地震，震源深度 2 公里；2013 年 1 月 16 日 14 時 47 分，在北緯 42.0°、東經 82.3°處發生 3.2 級地震，震源深度 12 公里；2013 年 4 月 10 日下午 17：29：31，北緯 42.2°、東經 82.2°

處發生 3.0 級地震，震源深度八公里。

　　這幾十次地震對龜茲石窟的影響我們尚不清楚，但據張慧玲編《新疆龜茲研究院（所大事記）》所載，一九九八年的一次地震，就曾經造成庫木吐拉第 7、8、9 三窟的坍塌與佛像、壁畫的毀損[1]。另據《人民日報・海外版》二〇〇一年五月十八日刊登的保護克孜爾石窟的專文報導：

　　由於石窟建在坡度很陡的山崖，山頂砂岩風化雨淋，某些洞窟及棧道也因山體岩石崩塌而毀壞。特別是去年夏季的幾場暴雨，使山體石砂下滑，岩石鬆動，威脅遊人安全，洞窟只好用木柱撐著，並謝絕遊人參觀。同時，由於石窟地處地震帶，山體崩塌嚴重，石窟前崖基本塌毀。一九九九年三月，一場五點六級地震，也對克孜爾石窟造成了較大損害。

　　其實，歷史上新疆、甘肅地區因地震造成石窟坍塌、被掩埋的災害恐怕已是屢見不鮮，只是還缺乏比較完整、準確的記錄。[2]

　　渭干河流域在拜城盆地的地形特徵是北高南低、西高東低，中部為山前沖洪積傾斜平原，多以沖積為主的卵礫石、砂礫石、砂及粉土、粉質黏土組成，抗洪性能不佳。衛星圖清晰顯示，渭干—木扎提河在卻勒塔克山南、北兩麓轉曲接流，很可能是歷史上地貌變動的產

1　見張國領主編：《龜茲記憶》，2010 年龜茲研究院內部印行。

2　如《光明日報》前年刊發的文章就曾提及：「1916 年，吐魯番地區發生大地震，三分之二的吐峪溝石窟頃刻間灰飛煙滅，被永遠深埋在歲月的塵埃中。」據 2011 年 7 月 21 日「中新網」的報導：在四川汶川「5・12」大地震中，據不完全統計，甘肅省共有 16 處全國重點文物保護單位、13 處省級文物保護單位、16 處市縣級文物保護單位受損。

物，也增加了水患的隱憂。據《龜茲記憶》所載《森木塞姆千佛洞的忠誠守護者》一文所述，二〇〇二年七月十日渭干河流域就發生過較大洪水（據「中國水利網」的新聞報導為「超百年一遇大洪水」），而該千佛洞則常常要預防位庫車河支流發的「小脾氣」，「突如其來的山洪常常會沖毀那條通往千佛洞的道路」；至於其15號窟曾經發生山體塌方，是否與水患有關則不得而知。據新聞報導，二〇一〇年七月二十八日至二十九日，天山中西部山區出現強降雨天氣過程，導致七月二十九日渭干河流域諸河流出現超警戒流量。克孜爾河克孜爾水文站測得最大洪峰流量一千八百立方米／秒，為百年一遇的洪水；木扎提河托克遜水文站測得最大洪峰流量一五六〇立方米／秒，為十五年一遇的洪水，導致克孜爾水庫告急，幸而洩洪疏導及時，避免了災害的發生。一方面，新聞報導說克孜爾水庫的防災效益（包括對龜茲石窟文物的保護）明顯；另一方面，也給我們防範更大的洪災敲響了警鐘。

目前，地震、洪水還很難精確預報，因此要把科學預防擺在十分重要的位置。這種預防，要求從「千年不遇」的憂患意識出發，高標準嚴要求，政府和各級相關部門必須加大投入。另據前引《人民日報・海外版》二〇〇一年的專文報導，克孜爾「將借鑑敦煌莫高窟壁畫維修保護好的做法，在克孜爾石窟內設置監測儀器，准確地對洞窟內外的乾濕度、氣溫變化、壁畫表面濕度、窟內二氧化硫和硫化氫等氣體進行監測，建立病害分析實驗室，收集有關資料，購置對修復材料性能進行科學試驗的基礎設備，建立現代化氣象站和地震觀測站，在洞窟內安裝玻璃罩和監測系統等，維修工程預計於二〇〇二年九月完工」。我們相信這些措施的落實是十分必要的，龜茲研究院是否還應設立地質監測（而不僅僅是「觀測」）機構（小組、網點），配備相關專業人員與先進儀器，加強信息蒐集及溝通，設立比較完備的近百年來

相關地質、氣象、水文檔案，有利於掌握防災的主動權。

其二，要對因種種現代人需求而改變（改造）石窟周邊自然環境持特別謹慎的態度，必須考慮因外在因素的改變而引發災害。（鑿山、改河、挖湖、攔壩，修水庫、公路、住宅，採礦、開採油氣以及軍事活動、科學試驗等。）據人民出版社出版的《家國光影》一書（周海濱著）披露，中國進行核試驗的原子彈靶場的地點，最初定在離敦煌一二〇公里處，並已獲總參批准，所幸陳賡將軍提出不同意見，認為這會影響敦煌地區人民的安全，也不利於敦煌文物古蹟的保護，最後於一九五八年底確定將靶場向羅布泊地區轉移，一九五九年六月正式改稱核試驗基地。這才避免了敦煌地區的生態環境和文物遭破壞的災難。由於不適當地在石窟寺周邊地區建設水庫、攔洪壩、水電站而造成文物毀損，這方面亦不乏慘痛的教訓。在上世紀六〇年代，庫木吐拉石窟東南、西南已經分別建有躍進、五一水庫，到七〇年代後期又在石窟旁截渭干河水建成東方紅水電站，造成周圍水位提升，許多下層洞窟慘遭水泡而毀損，就是極為慘痛的例子。其後，儘管洞窟前修築了攔水壩，仍無法解決水患。不得已，七〇年代末即請敦煌研究院美術所的專家來臨摹殘存壁畫以保存圖像資料，後又請龜茲石窟研究所的工作人員歷時三載臨摹被水浸泡的壁畫，然後揭取這些壁畫另行保存[3]。另據在甘肅炳靈寺石窟從事保護與研究的人員告知，由於緊挨著劉家峽大型水庫，石窟環境改變，不僅下層洞窟常常遭受水患，而且因為空氣濕度的變化，即使是位置較高洞窟的雕塑、壁畫，同樣會飽受濕氣的侵害。最近的例子在敦煌莫高窟。為保護通向莫高窟的公路、橋梁，前兩年在宕泉河上築起了一道攔洪壩，但二〇一一年六月

3　參見前引《龜茲記憶》所載王建林文《我與千佛之因緣》。

十五至十六日的一場洪水沖垮了攔洪壩，意外造成游客中心在建工區進水，並殃及通往莫高窟的公路及北區底層洞窟、南區窟前廣場。而二〇一二年六月四至五日，又一場特大洪水再次沖毀了通向莫高窟的公路，威脅到洞窟安全[4]。近年來，敦煌研究院研究人員對莫高窟北區考古發掘證實：「北區崖面從下至上第一層洞窟的全部和第二層洞窟的大部分，合計有九十九個洞窟受到過大泉河洪水的沖刷和浸泡」，「對洞窟造成嚴重破壞」。（參見樊錦詩、彭金章、王旭東著《敦煌莫高窟北區洞窟及崖面崩塌原因探討》一文，載《敦煌研究》2004 年第 3 期）近年的事件又一次敲響警鐘：如果對可能發生的特大水患採取的預防措施不到位或不合理，極可能對洞窟造成更大的危害。

　　克孜爾石窟西邊亦建有規模較大的克孜爾水庫、水電站，對環境、氣候的影響有多大，對洞窟保護孰利孰弊，需進一步做科學分析，加強災害預防措施。克孜爾水庫工程區處在強震發震頻繁的地區，副壩就建立在活動斷層之上。這裡有兩個問題，一是庫壩區地震基本烈度為八度，設防烈度為八點五度，是否留有的餘地不夠充分？（建設時僅經受了烈度 7 度的考驗。）一是克孜爾水庫有六點四億立方米的容量，其壓力對地殼的作用，是否有可能引發強震？仍值得研究。因為相關科學研究已經斷定，水庫會引發地震。學界公認：

　　二十世紀五〇到六〇年代，世界各地修建的大中型水庫急遽增

4　據《大公報》2012 年 6 月 11 日報導：「據敦煌研究院消息，2012 年 6 月 4 日晚至 6 月
　5 日，敦煌大泉河流域、黨河流域和瓜州踏實河流域遭受強降雨，導致大泉河、黨河
　和踏實河發生特大洪水，造成莫高窟、西千佛洞、榆林窟三處石窟基礎設施和文物不
　同程度損壞。」「此次莫高窟大泉河洪水瞬間最大流量達到 700 立方米／秒，巨大的
　洪峰沖毀了莫高窟前橋梁的欄杆和兩處窟前防洪堤欄杆；莫高窟九層樓廣場人口、大
　牌坊廣場，以及大牌坊以北綠化區，至整個北區均有洪水通過。」

加，誘發地震的水庫數量也隨之呈現出上升的趨勢。尤其是進入六〇
年代以後，全球水利地震的頻度和強度都達到了高峰，幾座大型水庫
相繼發生六級以上地震，造成大壩及庫區附近建築物的破壞和人員的
傷亡。[5]

　　據有關部門截至一九九五年的統計，已知全球約有百餘個水庫蓄
水後誘發了地震，中國則曾有廣東、廣西、青海、貴州、湖南等 12 個
省、區的 19 座水庫發生誘發地震，其中庫容量 115 億立方米的廣東河
源新豐江水庫，一九五九年十月蓄水，第二個月即誘發地震，在一九
六二年三月十九日更是誘發了 6.1 級強震，幾千間房屋遭嚴重破壞，並
且造成人員傷亡；水庫邊坡發生地裂、崩塌、滑坡，右側壩體產生裂
縫。所幸震前對大壩採取了加固措施，才避免了一場更大的災難。這
19 座誘發地震的水庫，庫容量在 0.004 億立方米到 6.1 億立方米的有 9
座，占 47%[6]。克孜爾水庫的庫容為 6.4 億立方米，又位於地震活躍區，
我們當然決不能掉以輕心。

　　此外，因採礦和開採石油、天然氣而誘發地震也已經為國內外的
許多事例而證實，這對於礦產、油氣資源豐富的南疆地區來說，在日
漸擴大開採規模的同時，也必須把防範災害的科學措施落到實處。

　　其三，任何人為的影響洞窟光照、空氣、濕度、窟體結構、窟面
原狀的行為及不科學的「修復措施」都應在禁止之列。（如為臨摹搭建
腳手架、在牆面釘紙，為拍影視作品架設燈光，超人數參觀等。）這方
麵龜茲研究院已經採取了許多有效可行的保護措施，這裡只是再強調

5　　潘懋：《災害地質學》第四章，北京大學出版社 2002 年版。
6　　同上。

提出關於加強保護、修復措施的科學性、可行性研究問題。

我們先舉敦煌莫高窟藏經洞所出古代珍貴寫卷的保護為例。英、法劫藏的大批敦煌寫卷，為了解決紙張的脆裂、散落隱患，從保護與便於閱讀的良好願望出發，在上世紀都曾經進行了覆粘透明網線的試驗。當時覺得效果不錯。但由於對中國古代紙張缺乏研究，對現代網線粘合材料能引起化學變化的性能並無把握，所以中國的相關專家並不贊同這種措施，認為經過一段時間，反而會造成無法挽救的化學性損害。對壁畫、絹畫的修復同樣存在著這種情況。比較起來，德國圖書館將吐魯番寫本夾在透明玻璃片中，倒不失為一種保護的好辦法。二〇〇九年，我們在俄羅斯艾爾米塔什博物館庫房看到蘇聯「二戰」時在德國截獲的龜茲、吐魯番壁畫，也是封裝在玻璃框中，雖然過去了七八十年，其色彩等依然變化不大，差可慰人。近十幾年，大英博物館請來中國上海博物館的專家來攻克難題，一道修復敦煌絹畫；法國國家圖書館則請中國國圖的專家去指導敦煌寫卷的修復，都是很正確的選擇。

又如二十世紀九〇年代以來，敦煌莫高窟隨著旅遊參觀人數不斷增長的趨勢，洞窟保護也面臨著十分嚴峻的情勢[7]。除了控制開放洞窟和參觀人數外，研究院也利用社會捐資，採取鋼化（有機）玻璃擋板防範接觸牆面，控制洞窟溫度、濕度、二氧化碳濃度等手段，來保護洞窟。但這裡仍然有許多課題（如水汽附著、聲光電污染、溫度變化、安裝鋁合金門造成空氣閉塞等問題）有待進一步探索、研究。克孜爾石窟在窟區參觀面積、參觀人數及氣候環境等方面都與莫高窟不同，

7　據敦煌研究院接待部工作人員告知，2012 年參觀莫高窟的人數將突破 2007 年 55．7 萬人的記錄，有可能超過 80 萬人，最多的一天有 8000 多游客進入窟區。

實際上也更為嚴峻。如洞窟所在的明屋塔格山崖總面積約 4 萬平方米，參觀面積不到莫高窟南區的三分之一，年參觀人數目前約為莫高窟的十二分之一，但有日益增加的趨勢；克孜爾地區的年平均降水量約為 88 毫米，則是莫高窟窟區的兩倍多，加上窟旁有木扎提河水流淌，崖面有山泉滲出，加上人工湖的開鑿，改變了小環境，常年洞窟濕度超過莫高窟。因此，用玻璃擋板隔離壁畫與參觀者的做法，就有可能非但無效，反而有害。前年，杭州西湖文化景觀向聯合國教科文組織申報世界文化遺產成功。杭州市區面積約 3068 平方公里（中心城區約 683 平方公里），申遺面積約 43 平方公里（其中西湖面積 6.5 平方公里）；年遊客人數約為 3000 萬，據報導市政府已決定限制旅遊人數。目前克孜爾千佛洞的參觀、遊覽面積大概不足 0.5 平方公里，是否也可以據此研究確定它的最佳參觀人數。

　　總之，生態環境與佛教石窟保護，應該是一個各級政府高度重視、各種機構協調一致、各學科聯手進行的綜合的系統工程，我們這裡只是限於所掌握的極不全面的資料，提出幾點很不成熟的粗淺認識，以就正於方家。

　　（本文原是提交龜茲石窟保護研究研討會提交的論文，與中國地質大學地球科學與資源學院理學碩士、中國地質圖書館工程師柴新夏合撰於 2011 年 7 月，經修改後於 2013 年 9 月 25 日在亞洲第二屆佛教文化節「佛教造像和石窟藝術論壇」上宣讀。）

附:

佛教造像和石窟藝術的保護、研究、傳承、發展

——在亞洲第二屆佛教文化節「佛教藝術論壇」開幕式上的主旨發言

　　佛教造像和石窟藝術是佛教文化的重要組成部分,因其鮮明的形象性、藝術性、地域性和普及性在佛教傳播中發揮了特別而突出的作用。歷代遺存的大量佛教造像與石窟藝術作品,作為傳世瑰寶,在世界美術史、藝術史乃至整個文化史中具有舉足輕重的地位。因此,第二屆亞洲佛教文化節設立研討佛教造像和石窟藝術的保護、研究、傳承與發展的論壇,實乃睿智之舉。

　　亞洲信奉佛教的國家與地區是佛教造像和石窟藝術的淵藪,兩千多年來,不僅匯聚了世界各古老文明之菁華,而且為現代物質與精神文明的建設提供了精緻絕倫的借鑑與廣闊的發展空間。因而,它們既是「眾源之流」,也已經成為「眾流之源」。

　　保護現存於亞洲各地的佛教造像與石窟藝術,不僅是各國政府、

佛教寺院、文物收藏展示與保護部門的神聖職責，也應該是僧俗信眾、相關研究者和廣大民眾義不容辭的要務。保護佛教藝術珍品與文物，就是守護我們的精神家園，保護我們的文化血脈，看護我們子孫後代的成長搖籃。

「皮之不存，毛將焉附。」對於學者與專家來說，文物保護是開展科學研究的前提與基礎。多年來，斯里蘭卡、尼泊爾、印度、柬埔寨、日本、韓國和中國的相關機構與工作人員，連同歐、美的一些人士，已經在這方面做了許多堅苦卓絕的工作，取得了豐富的經驗與令人欽佩的成果。但是，由於種種自然與人為的因素，致使不少佛教遺跡遭到破壞，尤其是人為的毀損、盜竊佛像與石窟藝術品的現象更是屢禁不止。因此，有必要進一步加強保護的措施與力度。

在過去的年代裡，世界各國的學者專家在佛教藝術的各項研究中取得了豐碩的成果。這些研究，涉及佛像與石窟藝術的造型、類別、內涵、工藝、材質、風格及觀瞻禮拜與社會意義等等，極大地豐富了人文科學領域的認知，尤其是對宗教史、文化藝術史的構建多有貢獻。然而，這方面的研究還有進一步拓展視野、深入細化的必要。我們需要進一步做內容與風格的源流研究，溯本逐源，弄清其來龍去脈；我們也需要進一步做文化特質的研究，見微知著，探索其本質特徵；我們還需要進一步做各種的比較研究，認同求異，追尋其發展規律。

文化的積累、傳承是文明得以進步和社會能夠發展的必要途徑。千百年來，佛像與石窟藝術在多元文化交融的大背景與各國各地域政治、經濟、文化的小環境中得以有序傳承、長足發展。探尋傳承規律，總結經驗教訓，成為我們這個時代十分迫切的任務。需要強調指出：傳承的主體是「人」，是以人為主導的學校教育（包括佛學院與各類各級學校的美術、藝術教育），是廣大民眾、僧俗信眾的文化知識的

普及與提高，是集聚著聰明才智的「文化菁英」們孜孜不倦的努力與追求。當然，也離不開有遠見卓識的政治家們的正確倡導，需要各級政府的真實支持與有力措施。

傳承絕非保守陳舊與囿於成見。我們應大力提倡在傳承中不斷創新、發展。佛像與石窟藝術閃爍著多元文化的光芒，佛教文化是開放、包容的文化，而不同文化因子的碰撞、交流、融合，則是促進創新最可寶貴的因素。同時，創新也絕非等同於「獨出心裁」或「隨心所欲」地胡制亂造。創新必須尊重傳統、遵守規範、遵循規律。為了謀求發展，我們應該靜下心來精心製作，杜絕急功近利的粗製濫造、譁眾取寵的炒作和不切實際的宣傳。藝術創作有自己的法則和規範，而當代佛像的塑造、洞窟的開鑿、壁畫的繪製，都必須遵照佛教的宗旨、儀軌，契合佛教文化的內涵，同時符合藝術創作的規律，借鑑和汲取一切有價值的文化遺產。這樣，才能創造出無愧於前輩、無愧於我們這個時代的傑作佳構。

（2013 年 8 月 12 日撰稿）

關於如何推進石窟藝術研究的思考

　　在從敦煌藝術研究所到敦煌文物研究所、敦煌研究院七十年的艱巨而光榮的歷程中，老、中、青幾代「敦煌人」為敦煌石窟的保護與研究事業做出了巨大的貢獻。其中，對敦煌藝術乃至整個中外石窟藝術的研究取得了舉世矚目的成果。其中除了敦煌石窟考古報告這項重大工程取得的階段性成果——《敦煌石窟全集》第一卷已經在二〇一一年正式出版外，另一個重要標誌就是十年前敦煌研究院開始進行的「敦煌北朝石窟美術史研究」項目也已經取得了可喜的成果[1]，一部舉世矚目的《敦煌石窟美術史》開始顯山露水[2]。尤其是近些年來，隨著國內外文化、學術交流的不斷加強，技術手段的進步，研究者們進一步拓展思路、轉換視角、發掘材料、更新方法，在石窟藝術的源流研究、比較研究、特質研究等方面都做出了新的成績。本文僅就筆者近

---

[1]　由趙聲良等所著《敦煌石窟美術史》（十六國北朝卷）在 2009 年完稿，列入「國家出版基金項目」並於 2014 年 3 月由高等教育出版社正式出版。

[2]　作為「敦煌講座書系」之一的《敦煌石窟藝術總論》（趙聲良著）也由甘肅教育出版社於 2013 年底出版。

些年來的一些思考，對如何推進石窟藝術研究提出一些僅供參考的建議。

由於敦煌石窟位處古代絲綢之路之「咽喉」，敦煌藝術從內容到形式都具有特別顯著的文化交流、文明交匯的特徵，因此，無論是在宏觀的整體研究還是在微觀的個案分析中，都需要進一步拓展思路，更新方法。例如源流研究，「溯源」不妨更久遠（如既關注敦煌石窟藝術與古希臘、羅馬、印度文明的關係，也關注其與古埃及、巴比倫文明的關係；既關注其與中國儒家主流思想的關係，也關注其與漢唐之前中國西北部各民族文化的關係）。又如特質研究，探析需要更深入（不僅承認其「多元性」，確認某一具體作品為「胡風」或「漢韻」，更要關注其文化交匯後形成的「多元一體」即「你中有我，我中有你」的綜合性特性）。再如比較研究，鑑別應該進一步擴展視角（即除了較多運用的異同比較和量與質的一般性比較外，還需加強變異性比較；除了常見的反映時代變遷的縱向比較外，還應加強同一歷史時期作品之間的橫向比較）。

敦煌石窟藝術既是珍貴的物質文化遺產，也是重要的非物質文化遺產。在這兩個層面上，都有過去研究得相對薄弱而需要進一步加強、深入的問題。如石窟建築、彩塑、壁畫中體現的物質材料與科技手段及工藝傳承的問題，這三者之間的關係問題。尤其是其中的核心應該是創造了敦煌藝術物質財富與精神財富的「人」。我們過去因為絕大多數建窟者、雕塑者、繪畫者佚失姓名，不免忽略了對這些歷史文化創造者本身的研究。他們的民族、身分、信仰、經歷，他們的文化基因、技藝傳承、創新精神，都值得認真探究。例如著名的莫高窟第220窟大幅經變畫中的樂舞場面，研究其樂器品種、舞蹈類型的文章不少，而對樂器材質、樂舞人服飾面料、舞毯材質、「燈樹」「燈臺（架）」

功能與圖案的研究幾乎空白；又如莫高窟第 3 窟元代「千手千眼觀音」畫像，似乎是敦煌石窟宋元壁畫中絕無僅有的精品，而對其內容、技法、風格的研究，卻仍處於語焉不詳的階段，尤其是涉及對繪畫者本人（盡管沒有留下姓名，卻應該留下了清晰的畫風傳承的蹤跡）的探究，則幾乎空白，不免遺憾[3]。許多論者稱「飛天」形像是「敦煌壁畫的靈魂」，可是飛天（尤其是隋唐時期的飛天）的靈動飄曳與當時物質文化的關聯（即探尋其服飾材質與姿態的密切關係）卻乏人問津，實在可惜[4]。就精神層面而論，研究涉及佛教、儒家內容者多（佛典內容、儀軌和儒家思想、倫理等），而關涉民間宗教、信仰、習俗，體現絲綢之路地域特點者少。從中外美學理論探討敦煌藝術的論著也很少，尤其是和敦煌早期藝術品審美有密切關係的古印度戲劇美學理論著作《舞論》至今沒有中文全譯本。這些都是應該需要加強的課題。

敦煌石窟藝術的個案研究已經取得了豐碩的成果，這當然是不爭的事實。但是，這種個案研究，是否還有進一步細化、深入的必要？也值得我們思考。我們理解的個案研究，似乎不應該只理解為「這一個」，而應該提升為「典型化研究」，即由點及面，從個體到群體，窺一斑以見全豹，進行「個性」與「共性」相統一的研究，而不是相脫離。例如「敦煌圖案」的研究，按時代、類型、結構、繪法、色彩、風格等等，都有顯著的成績；但是對它們在東西方文化交流中的變遷，對它們在整個中國化的佛教藝術中的作用（除了「裝飾」之外的功能），對它們在中國美術史上的地位，對它們如何吸收融合外來文化

3　據趙聲良研究員告知，迄今為止《敦煌研究》上刊登的涉及研究第 3 窟的文章只有 1996 年第 1 期彭金章的《千眼照見千手護持》和 2001 年第 2 期李月伯的《從莫高窟第 3 窟壁畫看中國畫線描的成就》兩篇。

4　請參考《敦煌研究》2014 年第 1 期上拙撰《壁畫絲蹤》一文。

藝術的過程，論述相對缺乏。同時，有時談到一些具體細節（如花、紋定名）也不免有人云亦云、大而化之的誤讀[5]。細節的疏忽，往往會導致結論的偏差或失誤；而共性的忽略，又常常使得研究檔次降低。例如前述第 220 窟北壁藥師經變畫中左側一對雙人舞者的服飾，過去不少論者都以為是「鎧甲」，故認定該畫兩側胡旋舞者一系「紅妝」、一為「武裝」。現在細辨那身「甲衣」，其實正是網格狀的緊身背心。對此服飾的樣式、材質及與舞容關係等的細緻分析尚屬空白。又如研究佛教史與佛教美術史學者比較關注的「胡人禮佛」圖像，在敦煌壁畫裡應有不少零星展現，但鮮有論者將其綴珠成串[6]，以折射出佛教與佛教文化藝術在絲綢之路傳播的蹤跡與光芒。

　　近年來，對敦煌壁畫進行數字化處理以獲取高清晰圖像，為充分運用日益發展的科技手段推進敦煌石窟的保護與研究開闢了新的途徑。近幾年來，敦煌研究院開展的敦煌藝術數字化工程取得了很大進展。自二〇一三年開始，中國敦煌石窟保護研究基金會利用這項工程的部分成果，在「敦煌文化進校園」的活動中，舉辦了「敦煌壁畫精品高校巡展」，展出了四十多幅數字化高清圖像，既引起了廣大觀眾的熱烈反響，也給專業研究者以許多新的啟示。因為有許多精彩的圖像，由於在一些具體洞窟中位置與光線的關係，或畫面的侷限，即便是親臨其洞，也很難看得細微、清晰；以往出版的相關圖冊，更難以印得十分真切。例如筆者《壁畫絲蹤》裡所舉莫高窟第 285 窟「得眼林

5　在上海東華大學舉辦的一次學術研討會上，有位專家曾就「忍冬圖案」常被誤認提出過細緻的辨析，給筆者以不小啟示。

6　最近看到中國社會科學院歷史研究所文化史研究室編《形象史學研究》2013 年卷，其中有朱滸《「胡人禮佛」模式與漢代佛教圖像的本土化進程》長文，文中未涉及敦煌圖像材料。見人民出版社 2014 年 4 月所出該書第 33-61 頁

故事畫」中的那幅一直被研究者認為是「裸體」的飛天形象，經辨認其真切的高清圖像，可以得出實際上是穿了一身薄透的絲綢「天衣」的新認識。對於從印度、阿富汗到西域新疆乃至敦煌的「裸體飛天」，過去有許多說法；現在如果採用高清化技術去重新審視，應該會有新的認識。可與佛經中描述相吻合。北京大學一位教師在觀賞 61 窟「五臺山圖」的高清圖像時，驚訝地發現其中「大法華之寺」榜題左下方的一座小塔裡整齊地擺放著四層經卷，說明這正是一座可供禮拜的藏經塔，塔下之人正在順、逆時針方向「轉經」做功德。他告訴筆者，曾經幾次親臨 61 窟觀瞻此圖，均未看清楚畫面所繪的藏經細節。這座藏經塔所在位置與大法華寺的關係，與明、清時期普遍出現的佛教寺院藏經閣的關係，值得進一步研究。圖像的清晰、真切是圖像學研究的基礎。我們堅信隨著獲取圖像信息的科技手段的進步，類似的例子將層出不窮（包括在漫長的歷史時期裡被覆蓋、遭漫漶、受毀損的圖像顯現），如能充分運用這些「新視點」，敦煌石窟藝術研究會有許多新的突破。

在敦煌石窟藝術的研究中，運用傳世典籍及出土文獻來詮釋石窟建築、塑像、壁畫，已經取得了一些進展，但如何繼續擴大需徵引的文獻典籍資料範圍（如從大量的子部典籍、方志、民間史料中搜尋爬梳），尚需進一步努力。尤其是研究者雖然在利用《大藏經》電子檢索方面已經有極大便利，但對藏外佛教文獻及其他宗教典籍、出土材料的運用，仍有很大的空間。此外，對莫高窟藏經洞所出大量絹畫、經幡等繪織品以及寫本中「白畫」作品的研究，也應該與石窟藝術研究密切相關，這方面的成果（特別是宏觀的綜合性成果）還相對稀少。例如我們在法國巴黎吉美博物館、英國倫敦大英博物館、俄羅斯聖彼得堡艾爾米塔什博物館看到出自敦煌的一些絹畫、塑像和其他文物，

雖然對此也有一些零散的介紹與研究文章發表，但至今似乎並沒有一個比較齊備的目錄和完整的圖錄可供做全面的研究。

（本文承蒙文化部藝術研究院美術所古麗比亞副研究員提供相關圖片，本書因技術原因未附上，謹致謝意。）

龜茲學與國學

　　近幾年來，在國家重視文化建設的大氛圍中，「振興國學」成為學術、教育和文化宣傳領域裡的熱門話題，相應教學機構、傳播場所、出版社紛紛參與，乃至國家與地方的節日慶典，小學、幼兒園的讀經誦詩活動，以及海外上百所「孔子學院」的建立，都在為此造勢鼓吹，可謂熱潮湧動，波及萬眾，這當然是一件好事。然而，今人腦海裡的「國學」概念是否明確清晰，是否科學準確，卻是大有問題的。許多人儘管也承認中國多民族文化交融的事實，卻自覺不自覺地又祭起「尊孔讀經」的大旗，強調「儒家文化」即「華夏傳統文化」，把敦煌學、藏學、西夏學、龜茲學、回鶻學等民族地域文化和文明交匯色彩鮮明的學問排除在「國學」之外。這肯定是不正確的。據我所知，首先對此提出不同意見的是中國敦煌吐魯番學會的會長季羨林先生和顧問馮其庸先生。二○○五年，中國人民大學成立國學院，首任院長馮其庸先生曾專門到醫院與季老交流看法，一致認為我們的「國學」應該是長期以來由多民族共同創造的涵蓋廣博、內容豐富的文化學術，而絕非乾嘉時期學者心目中以「漢學」、「宋學」為中心的「儒學」的代名

詞。二○○七年七月，季老在病榻上撰文提出「大國學」的觀點，強調指出：「國內各地域文化和五十六個民族的文化，就都包括在『國學』的範圍之內」，「敦煌學也包括在國學裡邊」，「後來融入到中國文化的外來文化，也都屬於國學的範圍」。（見《季羡林説自己・鏡頭人生》，中國書店 2007 年版）馮先生在國學院開學典禮上也強調國學研究的範圍應該包括少數民族地區的文化，並且積極倡導在國學院成立「西域歷史語言研究所」。國學院常務副院長孫家洲教授在回答記者採訪時，也援引了張岱年先生九○年代為《國學今論》一書作序時下的定義：國學是中國學術的簡稱。説明「中國學術」，肯定是指中國本土的、傳統的學術體系。既然如此，當然就應該包括佛、道及各種民間宗教文化和中國各少數民族文化。可惜，他們的呼籲和建議似乎尚未引起有關部門和學界足夠的重視，目前的「國學熱」，還是基本上侷限在「儒學」的範圍之內。

多年來，筆者也一直在關注敦煌學與敦煌文化特徵的研究，認為多種文化（包括宗教）的兼容並蓄是其主要特性，其對中國燦爛輝煌的傳統文化的繼承發展貢獻至巨；最近，又擬就《藏學與國學》一文，提出藏學是國學的重要組成部分。茲不贅述。我對龜茲學所知甚少，因為二十世紀六○至七○年代曾在新疆工作十年，後來撰寫過《岑參邊塞詩研究》、《胡旋舞散論》等學術論文，考察過庫木吐拉、克孜爾等石窟，這二十多年來又參與敦煌吐魯番學的研究工作，可謂與龜茲有緣。近年來，我閱讀了新疆龜茲學會精心編印的兩輯《龜茲學研究》，亦深受啟益。因此，願意不揣淺陋，就「龜茲學」與「國學」關聯的幾個問題，簡略談談自己的感受。

龜茲學是以中國新疆古龜茲地區的歷史文化為主要研究對象、以繼承和弘揚龜茲文化為重要使命的一門綜合性學問，由於它帶有鮮明

的地域色彩和多民族文化交融的特性，又鑒於它的興起和十九世紀下半葉以來東西方多國探險隊對新疆的考古發掘及相關研究密不可分，所以又是一門國際性的學術，既和敦煌學、吐魯番學密切相關，又有自己獨有的特性。根據我的初步思考，它對中國傳統文化的貢獻，至少有如下幾個方面值得進一步探究。

其一，龜茲樂舞是融合力、創新力、生命力最強的中國民族民間樂舞，也是最具戲曲因素的中國早期戲劇的雛形和催化劑。原始龜茲樂舞的產生，不會晚於秦漢之際。廣袤的龜茲地區多民族共同生活的人文環境，應該是孕育它生長的搖籃；而漢武帝開拓西域，促進了內地與邊疆及中亞、西亞、天竺各國的交流，則是它形成與不斷發展的豐厚土壤。漢晉時期，龜茲樂傳入中原，不斷變異創新；隋唐之際，隨著絲綢之路經濟貿易和文化藝術交流的穩定、暢通與繁榮，「管弦伎樂，特善諸國」的龜茲樂既成為朝廷正式頒佈的「七部伎」、「九部樂」、「十部樂」之一，又成為全國民眾喜聞樂見的樂舞形式。之後，在長達一千多年的時間內，無論是在其發祥地，還是在其傳播地，龜茲樂舞均久盛不衰，顯示出強大的兼容態勢和創新能力。至於龜茲樂舞和「缽頭」、「蘇幕遮」等歌舞戲的關係，學界已有不少論述，尤其是研究者通過對庫車昭怙厘寺遺址出土的舍利盒樂舞圖的分析，認識得以逐漸具體、深入。二十世紀在新疆陸續發現的吐火羅文 A（焉耆語）和回鶻文《彌勒會見記劇本》，經季羨林等中外專家的釋讀研究，又大大推進了對中國古典戲劇淵源及早期形態的認識。但是，這些年來，雖然學界對龜茲樂舞的淵源、內容、程式等等，已有不少的研究成果，而對其創新的動因、融合的軌跡、演變的規律等等，還缺乏細緻深入的研究，尤其是它對唐宋曲詞、宋元戲曲的影響以及在中國戲劇史上的地位，還鮮有詳論。現有的《中國戲曲史》（或戲劇史、曲藝

史）對龜茲樂舞蹈的論述基本闕如。我注意到《龜茲學研究》第二輯上吳壽鵬的《龜茲樂舞與中國戲劇淺析》、錢伯泉的《源遠流長的龜茲樂舞》等論文，已經論及於此，應該啟示我們去進一步深入探究。

其二，佛教傳入中國，龜茲因地理位置、人文環境等原因，是最早接受傳播並流行小乘佛教的地域。而且，與其他較早信仰佛教的地區不同，其得風氣之先，還特別表現在用當地使用的民族語言（如吐火羅語）翻譯梵文佛經原典並進而譯成漢文上。但是，誠如季羨林先生所言：「佛教最初的活動情況，因為書缺有間，我們不大清楚，最初譯為漢文的一些佛教術語，是通過吐火羅文的媒介，這個事實雖然是鐵證如山，可是時間和過程，至今仍然是隱而不彰。」[1]不僅西元四世紀中葉出生於龜茲的鳩摩羅什在中國的佛教翻譯史、傳播史上是一個極為關鍵的人物，而且同樣早於玄奘的一大批以龜茲、敦煌為中心的「華戎音義，莫不兼解」（見《高僧傳》卷一《譯經》）的高僧，如帛屍梨密多羅、竺法護、曇無讖、曇無竭等人，無論是在龜茲本地，還是從龜茲出發或途經龜茲到中原地區禮佛，都為佛經的翻譯與傳播做出了傑出的貢獻[2]。此外，像法顯、玄奘等大師，他們的譯經實踐和龜茲也有密切關係。目前，我們對上述譯經高僧個人及組織的譯經實踐與理論的研究，仍比較零散，種種事實還有待鉤沉與彰顯，而這正是構建一部完備的《中國翻譯史》必不可少的基礎工作。

1　季羨林：《鳩摩羅什時代及其前後龜茲和焉耆兩地的佛教信仰》，《龜茲學研究》第二輯，新疆大學出版社 2007 年版。

2　如《高僧傳》卷一載：敦煌竺法護「乃慨然發憤，志弘大道，遂隨師至西域，遊歷諸國。外國異言三十六種，書亦如之，護皆遍學。貫綜詁訓，音義字體，無不備識。遂大齎梵經，還歸中夏。自敦煌至長安，沿路傳譯，寫為晉文……終身寫譯，勞不告倦，經法所以廣流中華者，護之力也。」卷二云曇無讖有「東適龜茲」經歷，卷三云曇無竭「到高昌郡，經歷龜茲、沙勒諸國」。

其三，龜茲早期石窟藝術的創製時代要先於敦煌、麥積山、云崗、龍門等地，其吸收和融合印度、希臘及中亞和西亞其他地區的藝術成分更為明顯，其反映小乘、大乘佛教經義的壁畫及塑像也更為完備和豐富；龜茲晚期石窟藝術則和東部的石窟遺存相輔佐，為研究中原和西域及北方民族文化的影響、回流提供了寶貴的實證材料。這些年來，經過賈應逸、霍旭初等一批新疆當地學者專家的不懈努力，對龜茲石窟藝術的研究取得了豐碩的成果，只是宣傳推介的力度還不夠。與此密切相關，龜茲在中外關係、中外文化交流中有著特殊的地位，老一輩的學者在這方面古代文獻資料的整理、釋讀、研究上以及國外著作的譯介上做了大量基礎性的工作。但是，如何進一步拓展視野，開掘新材料，運用多重證據、圖像學、比較學、傳播學、接受美學等科學研究方法，進行從零散到系統、從個案到全局的梳理，還有許多事情要做。目前，如何擴大和宣傳已經獲得的成果，以求在《中國佛教藝術史》、《中國藝術史》及《中外文化交流史》的撰著中充分體現這些成果，似乎還滯後於敦煌藝術研究，有待於各方面的努力。與此相關，近年來上海東華大學服裝・藝術設計學院的趙豐教授等和新疆文物考古研究所通力合作，在新疆出土的漢晉織物的圖案、色彩、工藝及復原的研究中獲得了令世人矚目的成績[3]，這也將大大豐富和改進《中國絲綢史》、《中國紡織史》的內容。

其四，古代龜茲地區各民族語言的研究是我們的薄弱環節。由於古新疆地區的語言狀態特別錯綜複雜，如《漢書・西域傳》所言五十國中，莎車、疏勒、姑墨、溫宿、龜茲、烏壘、尉犁、危須、焉耆、卑陸、卑陸後、郁立師、單桓、蒲類後、劫、山、車師前、車師後等

3　請參見趙豐主編：《西北風格　漢晉織物》一書，香港藝紗堂服飾出版 2008 年版。

國均明確記載專設譯長官職，以備語言交流之需。唐代初期玄奘在《大唐西域記》中明確記錄的「語言有異」、「稍異」、「別異」或「語異諸國」的有阿耆尼、屈支（龜茲）、睹貨邏（吐火羅）、瞿薩旦那（和闐）等十九國。這些分屬印歐語系、突厥語系、漢藏語系的語言，因歷史變遷，幾乎都已消亡或變異。幸而近一個多世紀來，在新疆和敦煌出土了用婆羅迷、笈多、佉盧、窣利等字母書寫的各種古代語言寫本殘卷，如梵語、印度古代俗語、于闐語、窣利語、吐火羅語 A（焉耆語）、吐火羅語 B（龜茲語）、回鶻語、藏語等，為今人的研究提供了彌足珍貴的資料。可是早年發現的這些民族語言的寫本大多為外國探險家掠走，流散德、法、英等國，幾乎成為歐洲與日本學者解讀和研究的案頭掌中「天書」，中國學者罕能注目。近四十年來，中國的考古工作者又陸續發掘出一些古代西域民族語文寫本，不僅豐富了研究的新材料，也方便了中國學者的先行考察與比較，特別是一九七四年冬發現於焉耆七個星千佛洞附近的吐火羅語 A《彌勒會見記劇本》殘卷，經季羨林先生成功釋讀，大大增強了我們在這方面研究的發言權和信心[4]。更可喜的是，對新疆各地所出古回鶻文寫本的整理與釋讀，在老專家的帶領下，也培養出了若干位有志於此的年輕的民族語言文字學者。當然，這支隊伍還亟待壯大，才能適應學科發展的迫切需要。同時，如何拓寬「中國語言學」的研究領域，跳出乾嘉學派以漢語言文字的訓詁、音韻、義理考據為全部內容的「小學」窠臼，將中國少數民族古文字語言學，真正納入「大國學」的範疇，成為中國語言文字學的重要分支，還需要學界做艱苦的努力。

4　請參見《季羨林文集》第十一卷《吐火羅文〈彌勒會見記〉譯釋》、第十二卷《吐火羅文研究》，江西教育出版社 1998 年版。

　　從本質上來講，龜茲學還是一門方興未艾的新興學科，它與國學的關聯遠不止以上所述的幾個方面，還可以做更廣泛、深入的探討，前面所談，只是我的一些很不成熟的粗淺感受，提出來敬請方家批評指正。

（2008 年 5 月 1 日）

藏學與國學

　　「藏學」（Tibetan studies 或 Tibetology），是以中國西藏地區及藏民族的歷史文化為主要研究對象的一門綜合性的學問。「國學」的研究範圍，則應該包括中國各族人民共同創造的歷史文化，而不僅僅是漢民族的傳統文化，「國學」不應是「儒學」或「儒家文化」的代名詞。後者，自季羨林教授提出「大國學」的概念以來，已經為越來越多的專家學者所認同。因此，藏學理應是國學的一個重要組成部分。在今天，藏學自然也不能游離於國際漢學、中國學之外，就像敦煌學、于闐學、龜茲學、西夏學也都是「中國學問」一樣。

　　藏區古代為羌、戎之地，居住多個部落，崇信苯教。藏族語言屬於漢藏語系藏緬語族藏語支（部分藏族使用羌語支的羌語、普米語等）。西元七世紀時以山南地區雅隆農業部落為首的部落聯盟建立了奴隸制吐蕃政權。松贊干布贊普（敦煌文獻中其原名赤松贊，？-650）統一西藏後，定都拉薩，由通彌桑布扎（又譯圖彌三菩扎或端美三布扎）參照多種古梵文字體創製藏文字；松贊干布於西元六四一年娶文成公主，與唐王朝聯姻，並派遣貴族弟子到長安學習，促使中原文化、科

技、工藝等陸續傳人藏區；贊普本人也皈依佛教，作為中國佛教一支的「藏傳佛教」（喇嘛教）開始形成並逐漸發展，到十一到十二世紀中出現了寧瑪、噶舉、格魯、薩迦、噶當等多個教派。二十世紀五〇年代前，由於絕大多數藏區居民崇信藏傳佛教，僧人占人口比例大，所以該地區的歷史文化（包括文學、哲學、藝術、教育、醫學、民俗）和政治、經濟與佛教有著特別密切的關係。同時，自唐以來的一千多年裡，藏傳佛教文化與中原地區佛教文化的交流與相互影響也大大促進了中國文化藝術的發展，成為佛教中國化進程中不可或缺的重要環節。

在《中國藏學》創刊二十週年之際，石方夏先生曾撰文對該刊二十年間所載文章進行了詳盡的數據分析[1]。《中國藏學》所刊論文內容涉及政治、經濟、歷史、宗教、文化、教育、民族、民俗、文學、歷史、文獻、藝術、考古、地理環境、建築、語言文字、醫藥及國外藏學等各個領域，其中宗教、民俗、文化傳承、文學藝術等方面的論述不僅與中國傳統文化研究的關係特別密切，而且涉及其他少數民族與地域文化的文章最受關注，被學術界引用的頻次也最高。例如史金波的《西夏的藏傳佛教》、蔡景峰的《從〈佛學養生經〉看藏醫的養生學》、張羽新的《元代的維吾爾族喇嘛僧》、王繼光等的《敦煌漢文吐蕃史料綜述》、鄭炳林等的《吐蕃統治下的敦煌粟特人》等，都在學界產生了較大影響。筆者特別注意到吳均先生最近在《中國藏學》二〇〇八年第一期上發表的《吐蕃時期青海地區的文化鉤沉——論前宏期多麥藏區文化的發展》一文。文章不僅以文物、史料、傳說證明多麥地

---

1 見石方夏：《〈中國藏學〉載文及載文被引數據分析研究》，《中國藏學》2008 年第 1 期。

區是漢藏文化交流和融合的重要地域，而且對八世紀中葉至九世紀中葉吐蕃占領並實際統治河西、隴右地區的百餘年間，不同宗教文化的碰撞導致兼收並蓄、融合創新的事實進行了中肯的分析。其中論及這一時期隨著造紙技術的應用，不但推動了譯經、抄經事業的發展，促使可黎可足贊普對藏文進行重大改革，而且漢藏間文化交流也掀起了新的高潮。敦煌莫高窟藏經洞所遺存的內容豐富的大量藏文寫本就是有力的證據。今天，隨著庋藏於世界各地的敦煌文獻的全面刊布，研究敦煌學的各個分支，也越來越離不開對藏經洞所出藏文文獻（包括漢藏對照雙語文獻）的整理與研究。下面，我再就敦煌文獻研究中與藏傳佛教關係較緊密的幾個問題，提出自己的粗淺認識以就正於方家。

第一，敦煌「漢密」文獻與「藏密」文獻的關係問題。作為與「顯教」相對的「密教」，約於西元八世紀初傳入中國中原地區，形成「漢密」；稍後又傳入藏區，形成「藏密」。近些年來，李小榮博士對敦煌文獻中的漢密經典做了全面的調查梳理，有很好的研究成果問世[2]。而其與敦煌藏密文獻關係的研究，學界研究成果尚屬零星。例如在吐蕃統治沙州晚期到歸義軍張氏政權初期的著名翻譯家管・法成，精通梵、藏、漢文，其在敦煌從漢文譯為藏文的佛經《金光明最勝王經》（又有藏文音寫漢文本）、《賢愚因緣經》、《入楞伽經》、《般若波羅蜜多心經》等在藏經洞文獻裡有不少寫本，他所譯的屬於漢密的《諸星母陀羅尼經》、《金有陀羅尼經》也各有數十個卷號的寫本存於藏經洞；至於他譯成藏文的敦煌本《解深密經疏》，由於漢文本的散佚，成為彌足珍貴的孤本。諸如此類密宗漢文典籍與藏文典籍的關係問題，其對中國傳統的文獻學、宗教學、翻譯學及語言文學的貢獻，是一個值得

2　詳見氏著《敦煌密教文獻論稿》，人民文學出版社 2003 年版。

深入探究的課題。

第二，敦煌文獻中所見藏傳佛教寺院教育和中國傳統學校教育的關係問題。我們從藏經洞文獻得知，吐蕃統治敦煌和其後的歸義軍時期，敦煌地區的寺院辦學校（寺學）相當興盛，甚至在整體教學質量上超過「官學」（州郡、縣學）和「義學」（私塾），導致統治集團的上層人物子弟不入官學進寺學求學成為普遍現象。

藏經洞文獻中除佛經、道經等宗教典籍以外的史書、文學作品和童蒙讀物、語言類工具書等，有許多均應是當時寺學教授「外學」的教材或學士郎作業。其中不少既有漢文寫卷，又有藏文寫本，還有漢藏對照本。例如藏文本的《尚書》、《戰國策》、《孔子項橐相問書》、《茶酒論》、《寒食篇》、《千字文》（藏文注音）、算術口訣、漢藏經名對照、漢藏詞彙對照等，既從不同的層面反映了漢藏文化交流的情況，更是研究藏傳佛教寺院學校教材、教法、師資及雙語教學的寶貴資料，其與中國以儒家文化為主流的傳統教育的關係不容忽視。

第三，敦煌藏文佛教文獻中的發願文與漢藏世俗生活的關係問題。近年來，黃維忠博士對藏文發願文的研究取得了可喜的成果，在他的專著《8-9 世紀藏文發願文研究——以敦煌藏文發願文為中心》中[3]，論及吐蕃發願者、發願對象及發願目的和漢藏發願文對比研究的部分值得關注。因為這些發願文不僅涉及吐蕃貴族、官吏的祈願，更生動、實際地表達了廣大藏族民眾的願望，而其中最核心、常見的主題即是渴望擺脫戰亂，祈福和平，不但希冀唐、吐蕃、回鶻之間「和盟永固」，而且可以長久地享受信仰佛教帶來的福祉。這和中原民眾的期盼是完全一致的，也完全符合儒家、道教追求中和大同的理想。中

3　見鄭炳林、樊錦詩主編：《敦煌學博士文庫》，民族出版社 2007 年版。

古時期的敦煌，是移民眾多、民族聚居、宗教兼容、經濟發達、文化繁榮的地區，長時期的和諧穩定，保證了燦爛輝煌文化藝術的發展與傳承。其中的歷史經驗教訓，值得我們借鑑。

　　我認為以上所提雖然只是很粗淺的一些想法，但是否可以為我們探究藏學與國學的關係問題提供一點思路？西藏是中國不可分割的神聖領土，藏族是中華民族大家庭中值得自豪的成員，博大精深的藏學是中國學術文化園地裡芬芳四溢的嘉卉奇葩，理所當然是需要大力弘揚的國學的重要組成部分。

（2008 年 4 月 8 日）

注重敦煌學的學術背景與學術關聯

　　敦煌莫高窟藏經洞重新面世已經一〇八年。近百年來，隨著藏經洞古代文獻、文物的流散而興起的「世界學術之新潮流」——敦煌學，已成為得到國際學術界普遍承認的「顯學」。但是，敦煌學是否是一門真正經得起嚴格科學界定的獨立學科，國內學界一直有不同的認識。對此，我曾經在《對敦煌學百年回顧中若干問題的認識》一文中提出：要解決這個問題，必須弄清該學科的構建與其學術背景、學術淵源的關係。敦煌學之所以能成為一門新學問，其學術淵源並不是單一的，它是在東、西方學術文化的交匯之中逐漸形成的。對於外國學者來說，它應歸屬於「漢學」或「東方學」的範疇；而對於中國學者來講，它又是西漸之新國學。今天看來，這個認識並無不妥之處，但是尚缺乏對敦煌學的學術背景與學術關聯的充分說明，有必要做進一步的闡述。

　　關於敦煌學的學術背景，過去講得比較多的是二十世紀初藏經洞文獻被發現與流散的時代背景（或可稱之為「近景」），而對於這些四至十一世紀古代文獻及石窟藝術品形成與保存的歷史文化背景（或可

稱之為「遠景」），則分析得較少。地處西域，原本水草豐茂、地廣民稀的敦煌，自漢武帝元鼎六年（前 111）前後，屯墾築城，列郡設關，經魏晉時期中原及江漢地區大量移民遷徙至此，並興修水利、發展農業、保護商旅、鼓勵民族交融，到隋唐之際，已成為絲綢之路南、北、中三道必經的「咽喉」之地。據史籍和藏經洞所出文獻記載，唐五代宋初的敦煌地區，儘管也有過短暫的戰亂災禍，而和平安定仍一直是當地社會生活的主旋律，不僅保持了較長時期農、牧、商和寺院經濟的繁榮穩定，城有積貯，民有餘糧，各族居民和睦相處，而且儒家主流文化與各外來文明融匯交流，佛、道、祆、摩尼等宗教兼容並蓄，人民信仰自由，郡縣官學、私學及寺院學校共同構建了開放民主、不拘一格的教育體制，官府支持的民間歲時節日的社邑文化及體育、宗教、藝術活動豐富多彩。這些，既是促進敦煌文化藝術發展繁榮的經濟基礎，也是形成以莫高窟彩塑與壁畫及藏經洞文物為標誌的燦爛輝煌的敦煌歷史文化遺產的人文背景。

中國古代社會的「人文」觀念，與歐洲不同，有自己的內涵和詮釋。被後世尊為「十三經」的古代典籍中，只有《易經》（《周易》）明確地提及「人文」一詞，其《上經‧賁卦》說：「文明以止，人文也。觀乎天文以察時變，觀乎人文以化成天下。」[1]古文字裡的「止」，是一個形似足跡的象形字。因此，古人認為「人文」是文明發展到一定程度的腳印，是可以教化天下、促進社會進步的東西，是包括禮儀、法律、道德、修養、教育等文化層面的「上層建築」，屬於「禮」的範疇。所以《晉書‧禮志》曰：「經緯人文，化成天下。」《舊唐書‧楊綰傳》云：「人文興則忠教有焉。」這與西方強調以人的自身權利為核

1　周振甫：《周易譯注》，中華書局 1991 年版，第 81 頁。

心的「人文主義」是有區別的。但是從另一角度看，參與文化藝術和
體育活動，受教育、學禮法，也是人的基本權利，是「民本」思想的
拓展，因此中西方之間也有可溝通之處。古代的敦煌，既是多民族聚
居的地區，又是一個典型的移民社會。累代移居河西的世家著姓擔負
起傳承儒家文化的主要任務，而往來不絕的各民族商旅、取經求法僧
人，以及已經定居在此地昭武九姓、吐蕃、回鶻、粟特人則起著傳
播、吸收與融合外來文明的關鍵作用。二者兼容相輔，並行不悖。熠
熠生輝的石窟建築、彩塑、壁畫和包羅萬象的藏經洞文獻，正是長達
千年的文明交匯、人文薈萃的碩果遺存。我們今天探究敦煌學的學術
背景，不能離開對古代敦煌地區獨特的人文環境的認識。這樣，我們
才可以解釋諸多大家饒有興趣而又常常心生疑惑的問題，例如：為什
麼莫高窟同時並存了源自印度的毗訶羅式禪窟、支提式（中心塔柱）
禮拜窟和中國特有的覆斗頂式廟堂？為什麼在敦煌兩千多身彩塑中既
有清晰可辨的犍陀羅、馬土拉風格，又有在魏晉時代風行一時的秀骨
清像和在盛唐時期美似宮娃的豐腴菩薩？又為什麼在四萬五千平方米
的絢麗奪目的壁畫上，人們彷彿看到了張僧繇、曹仲達、展子虔、尉
遲乙僧、閻立本、吳道子等高手的神來之筆？為什麼在佛教寺院的洞
窟裡，除佛經之外還收藏著如此豐富的儒家典籍、道經寫本、社會文
書、文學作品、多民族文字抄卷等？又為什麼這些珍貴寶藏能歷經千
年滄桑而保存至今？史籍上稱敦煌是「華戎所交，一都會也」，我的理
解是除了稱頌其經濟發達、商貿活躍、文化繁榮之外，更是強調了它
因多種文明交匯而持續、穩定發展的特性。在「經濟一體化」趨勢不
斷加強的當今世界，有些國家的政治家、理論家鼓吹「文化一元化」，
強調「文明的衝突」，其實都是不符合古往今來的歷史事實與發展規律
的。雖然在人類歷史的進程中，各種不同文明的碰撞不可避免，但其

結果應該是文明的融匯與包容，在相互吸收中孕育出創新與發展的因素，共同前進。有些反映古代敦煌歷史的文學、影視作品，過度渲染血與火的「外族入侵」、「宗教紛爭」和「文明毀滅」，也是不符合敦煌地區的歷史事實的。否則，將很難理解大量文化藝術珍品能在敦煌延續保存下來的事實。敦煌是中國各族人民共同的文化藝術寶庫，同時又是凝聚著國際文化交流心血智慧的結晶，屬於全世界。二十世紀初敦煌寶藏遭劫掠而毀損、流散的行為，理所當然地應該遭到國際輿論一致的譴責，但那只是在一個特定的歷史時期必然會發生的短暫事件。近半個世紀來敦煌學的發展，證明了國際間真誠的合作交流是推進學術發展的強大動力，而提高民眾的人文素養才是保護研究、發揚光大文化遺產最有效的手段。

　　要使敦煌學成為一門真正獨立的學科，除了加強學科理論建設、注重本身的學術史研究外，還必須努力梳理釐清它和相關學科的內在關聯，而不能只停留在「敦煌學是一門綜合性的學問」籠統表述上。中國早期的一些著名學者在整理和研究藏經洞所出古代寫本時，其實基本上都是在自己熟悉的學科範圍內展開論述的，並沒有將它們從文學、語言學、歷史學、宗教學等等的學術領地裡脫離出來另列門類，但後來可能便因材料的珍貴稀見與特別而冠之以「敦煌」名下，強調其為「學術新潮流」、「顯學」而自立門戶。其中最典型的例子便是對「變文」寫本的整理與研究。研究者先是為發現了中國文學史上「脫失」的環節而興奮不已，隨即便推及通俗詩、曲子詞、歌辭、靈驗記等，開始了相對獨立集中的「敦煌俗文學」的研究，爾後又逐漸形成了「敦煌文學」這個模糊概念。今天，經過幾代學者的努力，已經有越來越多的「敦煌文學」研究者深感全面把握藏經洞所出文學材料，將其回歸文學意義上的詩、詞、賦、文、小說等，置於中國文學史的

長河中做整體研究的必要性。其他門類亦是如此，均應在深入把握與對應其與相關學科關聯的基礎上開展研究。談到相關學科，我們應當特別關注與西域、中亞、印度密切相關的一些學問，如藏學、吐魯番學、龜茲學、西夏學、于闐學、絲路學等。今天，已經有許多從事這些學問研究的學者，或投身到敦煌學的隊伍中來，或注意加強與敦煌學界的連繫，這也為我們探尋敦煌學和這些學科的內在關聯創造了條件。又如，目前我們國家正在興起新一輪的「國學熱」，而敦煌學與「傳統國學」或「新國學」究竟有何關聯？是否能占有「一席之地」？都是值得我們認真思索的。我認為，只有把握了學科間的內在關聯，才能在分辨異同的基礎上脫穎而出，真正達到「和而不同」的境界。因此，這樣做的結果，非但不會「消滅」敦煌學，而是能為其先天不足的軀體補充豐富的營養，促進敦煌學科自身的發展壯大，使其真正巍然屹立於世界學術之林。

（本文是 2008 年為「敦煌學百年：歷史、現狀及發展趨勢筆談」所撰文章）

學術期刊的學術視野與創新

—— 為《敦煌研究》創刊三十週年而作

　　《敦煌研究》是敦煌研究院主辦的學術期刊，從一九八一年試刊、一九八三年正式創刊至今，已經過了「而立之年」，到二〇一三年四月，共出刊一四七期（包括試刊二期，特刊八期），成為中國乃至國際敦煌學界認同的標誌性領軍刊物。

　　眾所周知，《敦煌研究》是在中國改革開放的新時期，隨著推進中國敦煌石窟的保護與「敦煌學」研究事業的復興而誕生的。一九八三年八月，由敦煌研究院發起並舉辦了首屆全國性的敦煌學術討論會；與此同時，擔負組織、團結和協調全國敦煌學研究力量的中國敦煌吐魯番學會在蘭州宣告成立。於是，創辦一份相關的學術刊物勢在必行。我作為應邀參加一九八三年敦煌學討論會的代表和首批學會會員，可以說也是吮吸著《敦煌研究》的乳汁（學術營養）而蹣跚地進入敦煌學的研究領域的。因此，在她三十歲華誕到來之際，願意將自己的一點粗淺感想提供出來，以寄託一片祝願之心意。

　　自二十世紀三〇年代以來，因陳寅恪先生的首倡，「敦煌學」被學

者們譽之為「世界學術之新潮流」，或稱「顯學」，或謂之「冷門」、「專學」。幾年前，我曾在一篇「敦煌學百年」的筆談短文《注重敦煌學的學術背景與學術關聯》中說：「敦煌學是否是一門真正經得起嚴格科學界定的獨立學科，國內學界一直有不同的認識……要解決這個問題，必須弄清該學科的構建與其學術背景、學術淵源的關係。」又提出拙見：「要使敦煌學成為一門真正獨立的學科，除了加強學科理論建設、注重本身的學術史研究外，還必須努力梳理釐清它和相關學科的內在關聯，而不能只停留在『敦煌學是一門綜合性的學問』籠統表述上。」（詳見《學習與探索》2008 年第 3 期）實際上，一門學科的學術淵源與學術關聯還必然要涉及學術視野，尤其是研治敦煌學這樣一門在中外古老文明交匯、各民族文化交融大背景中產生的學問，能否拓展我們的研究視野至關緊要。這顯然也關係到《敦煌研究》、《敦煌吐魯番研究》、《敦煌學》、《敦煌學輯刊》等敦煌學術刊物的辦刊宗旨與刊文範圍。例如，從中國敦煌吐魯番學會籌建伊始至今，有關敦煌學和吐魯番學是否應合在一起的不同意見就一直沒有停歇，而敦煌學和吐魯番學、藏學、西夏學、龜茲學、絲路學的關係也有各種不同的聲音，更不用說它和傳統的國學以及文獻學、考古學、語言文學、歷史學、簡牘學、碑刻學、民族學、藝術學、地理學、宗教學等等的血肉關聯了。還記得我們在參與編撰《敦煌學大辭典》時，雖然編委們達成的共識是：這部辭典的詞條應該姓「敦」——即圍繞敦煌遺存的文物、文獻立詞條；但是，要釐清「敦」姓的血脈淵源與傳承關係卻絕非易事，因為中古時期的敦煌地處「絲路咽喉」，是「華戎所交」的文化都會、經濟重鎮、宗教勝地，可謂「百姓」匯聚，難辨你我。因此，在具體的撰寫中，大家又都明確了：要「立足敦煌，放眼中（原）西（域）」。

令人高興的是，《敦煌研究》創刊伊始，就已經注意到開拓學術視野的問題。一九八一年第一期試刊上所登文章，還是比較侷限於敦煌文物研究所所內研究人員所寫論述莫高窟藝術的文章；一九八二年的試刊則開始登載所外學者的非藝術類論文（如張鴻勳的《敦煌講唱文學韻例初探》一文）。一九八三年的創刊號中，則登載了丁明夷論述克孜爾千佛洞壁畫，孫修身與黨壽山考釋《涼州御山石佛瑞像因緣記》、日本樋口隆康介紹阿富汗巴米揚石窟以及通報敦煌研究院與印度、法國、日本學者進行學術交流的文章。一九八五年的刊物則開始將刊文範圍從單純社會科學拓展到敦煌石窟保護的自然科學範圍（有李最雄等學者撰寫的4篇論文），與自然科技史的研究緊密結合。自此，這個傳統一直保持至今。不僅如此，從一九八八年開始到二〇一二年，還辦了總共十期全部是論述石窟保護、修復技術手段文章的專輯（從2007年到2011年為每年一期）。據我所知，這在全國的「人文社會科學」期刊中既是頭一家，也是「獨一家」。石窟的保護與修復是進一步開展研究的基礎，「皮之不存，毛將焉附？」《敦煌研究》將自己的刊文範圍拓展至自然科學領域，可謂睿智之舉。此外，刊物還根據敦煌學界的研究狀況與需要，舉辦過「敦煌樂舞」（1992年第2期）、「第一屆中印石窟藝術討論會」（1995年第2期）、「麥積山石窟研究」（2003年第6期）、「中國服裝史與敦煌學」（2005年）等專號與特刊，都在學界得到了很好的反響。

迄今為止，《敦煌研究》刊發的文章，已經涵蓋了社會科學與自然科學相當廣泛的領域，充分體現出其「守『敦』出新」的特色。近些年來，在體制、理念、人才培養、評估體系等等方面，全國各條戰線、各個領域都在大力提倡「創新」。我以為，摒棄「畫地為牢」的保守觀念，改變「避險求穩」的守舊心理，拓展我們的視野（包括學術

視野），是創新的必要條件。誠然，學術創新不能違背公認的學術「規範」──「沒有規矩，不成方圓」是符合人與社會發展規律的顛撲不破的真理；規範與創新是科學、辯證的關係。總體來說，《敦煌研究》在自己辦刊的三十年中，正在朝著符合這個客觀規律的方向前行，在遵循學術規範方面也在不斷努力之中，得到了學術界的總體肯定。這些年來，在政府部門和有關機構的評估體系中，有一個被叫作「核心期刊」的名稱，而且並非是全國統一、實在也是無法統一的評定──（1）中國社會科學院標準（稱為中文核心期刊）；（2）北京大學標準（稱為北大核心）；（3）南京大學標準〔稱為「中國社科引文數據來源期刊（CSSCI）」〕。究竟以哪個標準為依據，肯定也應該是見仁見智的，但假若摻雜了某主管部門或負責官員的傾向、好惡，問題就來了。然而，由於受到各方面的影響，這個「稱號」的影響力可謂大矣，以致全國數以千計的期刊都千方百計地往裡「擠」與「鑽」──入「圍」者喜，出「列」者憂。《敦煌研究》雖有幸「入圍」，而且近幾年從前兩個標準的數據看有逐年上升的趨勢，據悉近年卻從「CSSCI」標準中遺憾「出列」。我自己也曾負責過一份全國性期刊的編輯部工作，深知即便是一份很有水平、大有影響力、讀者好評如潮的刊物，每一期、每一篇文章的水平，也總是參差不齊的。拿季羨林教授曾經對我講過的話來說：「每一期有兩三篇中看的好文章，我就心滿意足了！」即便是最「權威」、「核心」的刊物，也並非每一位作者都是專家大師，每一篇文章都是佳作名篇。至於「引文數據來源」，是應該做具體分析的，如果拿一個時下流行的詞彙「正能量」來做比較，恐怕有時「負能量」──負面的奇談怪論或謬論、偽命題引起的轟動效應會更大些，「引用率」也更高。尤其是一份學術期刊，也有自己相對固定的讀者群體與「引述者」，是不好與其他刊物作「等量齊觀」的。因此，我以

為，這個「核心」作何評價與詮釋，本身就很難說。《敦煌研究》所刊登的數以千計的文章，同樣符合這個道理。我之所以沒有將它與《敦煌吐魯番研究》、《敦煌學輯刊》等同類刊物作「優劣」比較，也是這個原因。聽說在最近舉辦的全國性的新聞出版專業培訓班上，有的專家就以《敦煌研究》為例，來說明一個在國內外學術界有良好影響的刊物，卻在某個評價體系中落馬「出列」，值得反思的正是評價體系本身。中國敦煌石窟保護研究基金會的專家委員會在每一年度敦煌學獎學金的評審中，非常看重被推薦的研究生在《敦煌研究》、《敦煌吐魯番研究》、《敦煌學輯刊》上發表的論文，就不僅注重文章本身的學術水平，而且還關注其發展的苗頭與潛力，關心其從事敦煌學研究方向的穩定性。我以為這個做法，值得肯定。現在有些高校或科研機構硬性規定研究生在畢業前沒有在「核心期刊」上發表一兩篇文章就不能進行論文答辯，教師沒有在「核心期刊」上亮相就無法提職、升等，實在是極不合理的。我清楚地記得在中國人民大學國學院成立三週年的慶典上，任繼愈先生曾當著教育部與一些高校負責人大聲疾呼：「誰能首先打破這種不科學、不合理的評估體系，誰就是 No.l，大家就會跟你走！」我不敢說現行的「核心期刊」評定是否還有某種利益關係乃至「腐敗」的因素在作怪，起碼為學術、文化的健康發展計，也應該是到了必須改變的時候了！

《敦煌研究》已經「三十而立」，為這個學術「園地」的百卉蔥蘢、百花芳菲，編輯部的幾任工作人員、編委都灌注了自己的大量心血。從發起辦刊的段文傑先生、一直傾心支持刊物的樊錦詩院長，到兢兢業業編刊的梁尉英、趙聲良等編輯部主任，都值得我們敬仰和讚頌；一直為此刊物貢獻文章的國內外專家學者，尤其是敦煌研究院老中青三代研究人員，也都值得我們敬佩和學習。我衷心地期待它的「不

惑」、「知天命」乃至「從心所欲」，至於是否達到如孔夫子所言「不踰矩」，那就要看我們的理解與它的「造化」了。

（2013 年 4 月）

探尋歷史文化傳承的蹤跡與規律

—— 新疆文物學習札記

緣起

　　一九六八年五月，我離開北京師範大學到烏魯木齊工作。七〇年代伊始，我任教的半工半讀師範學校與其他幾所學校合併為市第十九中學，搬遷至位於老滿城地區的原煤礦專科學校校址，與西北路相鄰，距新疆博物館僅一箭之遙，加上當時與我一起教學的陳戈兄回歸專業，調入設在新疆博物館的新疆考古工作隊。我時常去博物館訪談，遂與穆舜英、王炳華等先生結識，時有見聞，始與新疆歷史文物結緣。

　　四十多年彈指一揮間，新疆文物考古事業迅猛發展。回京讀研期間因撰寫唐代邊塞詩研究的學位論文，得以參閱正在整理的吐魯番出土文書；到中華書局工作後又躋身敦煌吐魯番學研究。本人雖因學識淺近於新疆出土文物鮮有研究，卻不斷受到新材料與新成果的感染、鼓舞，又曾得李征、李遇春、吳震等前輩學者教益，緣分加深，願意繼續關注、受益。本次學術研討會舉辦在即，茲撰寫此學習札記三

則，希冀通過學界已經熟知的幾件出土文物，來探尋新疆歷史文化傳承的一些蹤跡及規律，以求教於學界方家。

「卜天壽詩抄」新認識

上世紀六〇年代末，吐魯番唐墓出土唐景龍四年（710）十二歲學童卜天壽《論語鄭氏注》抄本後的詩抄（編號：67TAM363：8-2）（以下簡稱「卜詩」）後，郭沫若先生率先撰寫文章（同時還有關於「坎曼爾詩」的文章）。我記得當時博物館考古隊先收到內部徵求意見的郭文打印稿，我亦得以先睹為快。（郭文《卜天壽〈論語〉抄本後的詩詞雜錄》後來正式發表於《考古》1972 年第 1 期）其時我曾對如何釋讀「坎曼爾詩」提出過一點意見，還寫了一封短信寄呈郭老；而對「卜詩」的認識也只是侷限在一般的「學童打油詩」上。這些年來，由於接觸了敦煌莫高窟藏經洞寫卷中的學士郎詩抄，又看到了長沙出土的銅官窯瓷器題詩，啟示我對「卜詩」的價值有了一些新的認識。

根據後來刊布的照片，「卜詩」除殘缺的《十二月三臺詞》外，最引起今天讀者興趣的是六首打油詩。其一：「寫書今日了，先生莫鹹（嫌）池（遲）。明朝是賈（假）日，早放學生歸。」其二：「伯（百）鳥頭（投）林宿，各各覓高枝。〔五〕更分散去，苦落（樂）不想（相）知。」其三：「日落西山夏（下），黃河東海流。〔人生〕不滿百，恆作萬年優（憂）。」其四：「高門出己子，好木出良才。交□學敏去，三公何處來。」其五：「他道側書易，我道側書（難）。側書還側讀，還須側眼（看）。」其六：「學問非今日，維（惟）須跡（積）年多。□看阡藺（潤）水，萬合始城（成）河。」前二首後的題署是「西州高昌縣寧昌鄉厚風里義學生卜天壽年十二」。[1]（見圖 1、圖 2）

1　該寫本錄文參見國家文物局古文獻研究室、新疆維吾爾自治區博物館、武漢大學歷史系編《吐魯番出土文書》第七冊，文物出版社 1986 年版，第 549-551 頁。「厚風里」一錄作「淳風里」。

　　郭文認為這六首詩中「寫書今日了」一首「無疑是卜天壽自己做的」，其餘則系「民間流行的舊詩」；又校「側書」為「札書」，顯誤。後來一些研究者則認為「側書」是學童側著身體寫字。

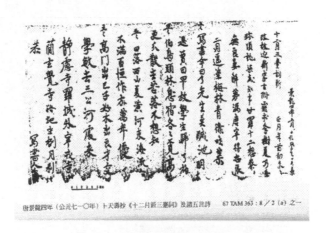

▲ 圖1　吐魯番「卜天壽詩抄」之一

▲ 圖2　吐魯番「卜天壽詩抄」之二

　　現在學界已經認識到，這些打油詩的作者，應該都不是卜天壽本人。「他道側書易」一首，又見於敦煌 P.3189 卷末（題署「三界寺學士郎張彥宗寫記」）；與「寫書今日了」極近似的「寫書不飲酒」詩，則

見於 P.2937、S.6204、BD8442 等多個敦煌學士郎詩抄[2]；與其他各首內容類似的詩也在敦煌寫卷與銅官窯瓷器中能覓得蹤跡。（見圖 3、圖 4）

▲ 圖 3　敦煌 P.3189 卷的「側書詩」抄本

▲ 圖 4　長沙窯器與敦煌寫本上的「春日」詩抄

　　四年前，由「卜詩」引發，我結合敦煌、吐魯番出土的蒙書類讀物與學士郎詩抄，將近些年來所作的思考，撰寫了《吐魯番的學童讀

2　請參見徐俊《敦煌詩集殘卷輯考》的「前言」與上、下編正文中整理的學郎詩（中華書局 2000 年版）。

本與「側書」》一文提交由吐魯番研究院主辦的學術研討會，求教於學界同道[3]。該文主要內容有以下兩點，先在此贅述：

第一，在吐魯番地區的童蒙教育中，無論官、私、寺學，儒家傳統的識字教學（形、音、義）與詩歌教學（讀、寫、作）均是占了很大比重而且二者密切結合的。這種教學內容與方法，既有孔子時代的「詩教」淵源可尋，又是長期實踐經驗積累的結果，符合通過掌握中國漢文字本身蘊涵的文化內涵（包括聲韻特點）來傳播知識的規律。

第二，「側書」是漢族學童對學習書寫少數民族文字的形象描述，已為敦煌所出許多漢、藏文及漢、回鶻文合寫卷子所證明。作為絲路中道門戶的古代吐魯番系「西域三十六國」各種語言的交匯之地，雙語乃至多語同時抄寫讀本的情況不僅更加普遍、突出，而且似已在公、私學校形成制度。在唐代，敦煌、吐魯番地區公、私、寺學的「雙語」乃至「多語」教學問題值得高度關注。

實際上，「卜詩」與敦煌、長沙窯所出的大量學士郎詩抄給我們的啟示，不僅僅侷限於學校教學以及唐代民間通俗詩歌的創作與傳播問題，還有更深一層次的意義。

從宋人嚴羽的《滄浪詩話》起，歷代論者每每將唐代詩歌創作的繁榮，歸功於盛唐「以詩取士」的文化策略。現在看來，正是當時「私學」的大量興辦，從學童時期即進行的詩歌教學的普及，促進全社會吟詩成風，為「以詩取士」奠定了堅實的基礎，也為全社會的詩歌繁榮營造了氛圍。位處西北之敦煌、吐魯番地區學士郎旺盛的讀詩、抄詩、寫詩勢頭，同樣反映出那個時代文化傳承的明顯蹤跡，也起碼從一個側面說明了唐代社會比較普遍的人文關懷。朝廷鼓勵興辦「義

3　該文收入《吐魯番學研究‧第三屆吐魯番學暨歐亞游牧民族的起源與遷徙國際學術研討會論文集》，上海古籍出版社 2010 年版，第 548-553 頁。

學」、「寺學」，以儒家經典為主，儒、釋、道合一，不拘一格普及文化教育，培育各民族的各種人才，體現出充分包容的文化政策與教育方針。漢文詩歌的讀與寫，涉及文字、聲韻、修辭與歷史文化知識傳播，也涉及立德、立言、立功的思想教育，是一種綜合的人文修養，是中國優秀傳統文化得以傳承的重要途徑。先秦儒家「有教無類」的教育理念，在各級各類學校中都較好地得到了貫徹，這正是中國傳統教育思想中的精華之一。另一方面，在古絲路的「咽喉之地」敦煌和絲路中道「門戶」高昌的多民族學童中進行雙語乃至多語教學，對各民族文化的交流融合也起到了積極的作用。這是歷史的寶貴經驗，值得我們今天借鑑與發揚。

唐西州馬料賬的價值

一九八〇年，我正在北京師範大學撰寫《岑參邊塞詩研究》的碩士論文，得知在吐魯番出土的天寶十四載驛館馬料賬裡發現了岑參使經西州的蹤跡，十分興奮。其時，唐長孺教授正帶領李征、朱雷、陳國燦等先生在老北大紅樓整理吐魯番文書。經導師啟功先生介紹，李征先生取出原件照片供我觀摩、抄錄，使我得以將馬料賬中供給岑參馬匹食料的有關文字用到論文之中。後來，整理本與圖錄本《吐魯番文書》相繼出版，又蒙王素先生惠贈兩書，獲得完整資料。到書局做編輯後卻因工作等原因未及細看和深入研究。這次重新翻閱其中四件有關文書的圖版與整理錄文，又得到一點新的啟示。（圖5、圖6）

整理者給這四件文書的定名分別是：甲、唐天寶十四載交河郡某館具上載帖馬食豆昔歷上郡長行坊狀【73TAM506：4\32-1】乙、唐天寶十三載礌石館具七至閏十一月帖馬食歷上郡長行坊狀【73TAM506：4\32-4】丙、唐天寶十四載某館申十三載三至十二月侵食當館馬料帳歷狀【73TAM506：4\32-15】丁、唐天寶十四載某館申十三載七至十二

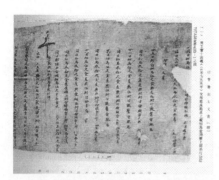

▲ 圖 5　吐魯番所出唐天寶十四載馬料　　　▲ 圖 6　吐魯番所出唐天寶十四載馬料
　　　　　賬之一[4]　　　　　　　　　　　　　　　　賬之一

月郡坊帖馬食豆昔歷牒【73TAM506：4\32-16】。因均是供應來往使者、官員及家屬馬匹和食料的賬目，故亦統稱為「馬料賬」。其重要的史料價值在於保存了天寶十三載（754）農曆三月至十二月一些官吏經行西州驛館的準確記錄。其中有著名的戍疆大員，如封大夫（常清）、趙都護（光烈）、黎大夫、楊大夫、焦大夫、王大夫、韋大夫等；也有若干守衛邊陲的武將，如王、陳、梁、史、李等將軍。其中有不少人與那一時期的西域戰事關係密切，在岑參的邊塞詩作中多次出現[5]。岑參的《使交河郡獻封大夫》、《經火山》、《火山雲歌》等詩，至今堪稱描述唐代吐魯番風物的佳篇。當然，我更關注的是與岑參有同等身分的出塞文人，如僅注明系幕帳判官者即有元、岑、武、李、談、段、王、劉、楊、田、苻、孫、高、陳、崔等姓者十幾位。其中寫出全名的有楊千乘、王輪、田榮等，有好幾位判官都曾出現在岑參的邊塞詩詩題中（如元判官、武判官、劉單判官、王岑判官、王說判官、李判

4　古代「帳」、「賬」不作嚴格區分，為便於讀者理解，在敘述時用「賬」，而在文獻徵引中保留為「帳」。

5　僅同為判官出身的御史大夫封常清便在岑參的十餘首邊塞詩作中得到描述。

官等）[6]。「功名只向馬上取，真是英雄一丈夫」（岑參《送李副使赴磧西官軍》），從唐初駱賓王等人起始，到盛唐岑參，走馬出塞擔任文職以獲取功名，成為文人一大選擇。吐魯番出土初唐時期的文書中已有他們的蹤影。這些文書的意義不僅在於有助於我們了解當時的出仕途徑，還在於這些出塞文人用他們的詩文創作為我們留下了大量生動反映邊塞風貌的寶貴信息，使我們認識他們在內地與邊塞民族文化交融中起到的作用，認識到文化傳播的一些不可或缺的方法（如內地文士在西域新環境中激發出來的創新思維對文化發展的貢獻等），從而去探尋文化傳承與創新的規律。「岑判官」的名字分別出現在上述甲狀八月廿四日、丙狀十月某日的記載之中，為我們考證這位著名邊塞詩人的蹤跡提供了確鑿的依據。又如岑參的《白雪歌送武判官歸京》，因其對邊地奇妙風物的精彩描寫，已經成為中國古詩中膾炙人口、歷久不衰的名篇。該武判官的行蹤即兩次出現在上述天寶十三載七月七日、九月六日的礌石館長行坊狀中。又如岑參在《涼州館中與諸判官夜集》詩中寫道：「涼州七里十萬家，胡人半解彈琵琶。琵琶一曲腸堪斷，風蕭蕭兮夜漫漫。河西幕中多故人，故人別來三五春。花門樓前見秋草，豈能貧賤相看老！」唐代的涼州是民族交融的重鎮，諸判官多係故交，西行的目的也都是獲取功名，在絲路上身處「琵琶長笛曲相和，羌兒胡雛齊唱歌」（岑參《酒泉太守席上醉後作》）的胡風唐韻交融環境，當別有一番感受。如果進一步仔細分析，初唐和盛唐文人到西部地區的心態還是有區別的，在天山腳下駱賓王的心境是「行嘆戎麾遠，坐憐衣帶賒」，「寧知心斷絕，夜夜泣胡沙」（《晚度天山有懷京邑》），是「二庭歸望斷，萬里客心愁」（《夕次蒲類津》）。他滿眼的「擾擾風塵地，遑遑名利途」（《久戍邊城有懷京邑》），不免影響了作品的格

6　在岑參邊塞詩中提及有姓或姓名的判官亦有十數人。

調，在民族文化交融中的態度遠不如岑參這些盛唐文人那麼主動、積極。

在吐魯番文書中也能發現一些西州、北庭與絲路的「咽喉之地」敦煌相關的信息。如岑參有一首著名的歌行體古詩《敦煌太守後庭歌》，描述在敦煌太守宴席上的場景。前半首有云：「敦煌太守才且賢，郡中無事高枕眠。太守到來山出泉，黃沙磧裡人種田。敦煌耆舊鬢皓然，願留太守更五年。城頭月出星滿天，曲房置酒張錦筵。」這位敦煌太守為何人，史籍失載；岑參何時經行敦煌，亦無記載。而岑參此詩在敦煌藏經洞所出殘卷（俄藏 Дх.1360 號）中亦有保留，題為「敦煌馬太守後亭歌」，我曾推測其與 P.2555 殘卷裡的馬雲奇詩之間的關係，但年代頗難相符，而現在發現在前述天寶十三載七月十七日的礌石館長行坊中即有「馬太守」之名，說明似即時任敦煌太守的馬某，他也於盛夏時節在途經西州的驛館中歇腳，留下蹤影。從岑參其他詩歌我們可以推知「後亭」似是高昌與北庭之間天山崖谷的納涼之處，這樣，敦煌馬太守很可能在處理公務之暇從容地來西州、北庭避暑，並和岑參一道於宴席射鉤遊樂，也就不足為奇了。

當然，吐魯番所出唐天寶年間的馬料賬與其他籍帳文書一樣，所包含的歷史文化信息是十分豐富的。我個人認為其重要價值之一，還在於有助於我們進一步追索唐代內地文人在高昌地區這個絲路門戶的文化交流中所起的作用。

前不久文化部、全國古籍保護工作部際聯席會議成員單位、新疆維吾爾自治區人民政府在國家圖書館舉辦了「西域遺珍——新疆歷史文獻暨古籍保護成果展」，吐魯番所出天寶十三載馬料賬部分文書亦在展品之中，使我倍感親切。三十多年前唐長孺等專家整理吐魯番文書時，馬料賬某些部分已有斷裂，這在《吐魯番文書》的圖版中看得很

清楚；這次看到展出的該件文書，斷裂處均已用棉紙粘補，作為一種保護措施，應該予以肯定。（圖7）但是，我直觀感覺到，這種黏補手段，無論在材料使用與技術含量上，都還有待改進。這就給我們保存、修復此類重要文物，提出了新的課題。

據「人民網」二〇一一年十一月三十日的報導：新疆的古籍（包括出土文書）的保護、修復及相應人才培養形勢嚴峻。由於新疆的氣候比較乾燥，古籍的紙張達到一定年限，極易導致書頁變脆，冷熱不均的天氣，加上書蟲啃咬、保護手段和科技手段的匱乏，大部分古籍保護狀況不容樂觀。新疆還將對傳統紙張進行科學檢測和研究，建立修復實驗室，鼓勵桑皮紙原料培植，應用傳統方法造紙，提供修復原料，開展對破損古籍的修復。這無疑是個好消息。據我所知，英、法等國在保護、修整敦煌寫卷上因使用材料不當，是有過教訓的；相反，德國方面因為使用玻璃片夾裝吐魯番出土寫本，反倒既便於調閱，又起到了保護作用。（包括「二戰」結束時蘇聯紅軍在德國截獲的大量新疆壁畫，據我在聖彼得堡愛爾米塔什博物館倉庫中所見，亦封閉在玻璃框之中，仍色彩鮮豔。）中國國家圖書館善本部、中國文化遺產研究院在這方面有很好的專家與修復技術手段，在材料的使用上也十分講究，取得了良好的效果。（圖7）建議新疆博物館能借鑑、合作。

▲ 圖7　經修補的馬料賬局部

伏羲女媧畫的歷史文化內涵

說來慚愧，我關注吐魯番唐代墓葬所出伏羲女媧絹畫很晚。一九九五年初我訪問韓國，在漢城（首爾）參觀該國國立中央博物館，看到展廳牆上懸掛著兩幅伏羲女媧彩畫，標明出自中國吐魯番古墓葬，是西元七世紀中後期作品。兩幅伏羲女媧畫的尺幅都不小，一幅為79cm×189cm，麻本彩

 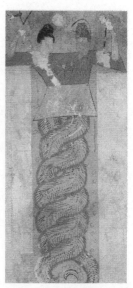

▲ 圖8　韓國藏吐魯番麻本伏羲女媧圖　　▲ 圖9　韓國藏吐魯番絹本伏羲女媧圖

色（圖8）；另一幅為98.2cm×225.5cm，絹本彩色（圖9）。兩幅畫均保存完好，色彩鮮亮。同時展示的還有高昌、龜茲石窟的壁畫殘片及敦煌的幡畫等。在域外看到流失的國寶，心情自然複雜。這些新疆文物估計是被日本大谷探險隊掠走後流入韓國的。為留作資料，我特地買了一冊該館所編的收有這些中國文物的圖錄（韓國三和出版社 1986 年印行），封面正是其中麻本的伏羲女媧畫上部。

吐魯番唐代墓葬出土的麻本、絹本伏羲女媧畫數量不少，其內容與風格流變值得認真推究。在中國先秦、秦漢的古籍記載中，伏羲（庖犧）、女媧原是三皇時期的兩代帝王，如《易‧繫辭》云：「古者包犧氏之王天下也，仰則觀象於天，俯則觀法於地，觀鳥獸之文與地之宜，近取諸身，遠取諸物，於是始作八卦，以通神明之德，以類萬物

之情。」而據「周易正義」的解釋:「包犧者,案《帝王世紀》云:大皡帝包犧氏,風姓也。母曰華胥,燧人之世,有大人跡出於雷澤,華胥履之而生包犧。長於成紀,蛇身人首,有聖德,取犧牲以充包廚,故號曰『包犧氏』。後世音謬,故或謂之伏犧,或謂之廬犧,一號皇雄氏,在位一百一十年。包犧氏沒,女媧氏代立為女皇,亦風姓也。」後來的創世神話則將二人演繹為兄妹夫妻並搏土造人,女媧又有補天之功。《易・上經・賁卦》云:「文明以止,人文也。觀乎天文,以察時變;觀乎人文,以化成天下。」因此,稱伏羲、女媧為中華民族的人文始祖,應該是當之無愧的。而在文學作品中表現這個主題,我認為則應該始自戰國中期屈原的《楚辭・天問》:「女媧有體,孰制匠之?」在西元前四世紀初,楚地應該已有比較豐富的關於女媧的神話故事、民間傳說,它們與河隴之地的伏羲故事結合之後,形成較為完整、系統的史傳故事。研究楚辭的大家姜亮夫先生曾特別指出屈原作品與西部文化的關聯:「從楚國的歷史看……到西方則是追念祖先、寄托感情的地方,因為楚國的發祥地在西方……所以他的作品一提到西方就神往。」(姜亮夫:《楚辭今繹講錄》)漢王朝受楚文化的影響既深且廣,卻又依據北方文化的正統經典的傳統,遂將神話傳說具體化與「歷史化」[7]。如王逸注《周易》云:「女媧人頭蛇身。」《列子・黃帝》:「庖犧氏、女媧氏、神農氏、夏后氏,蛇身人面,牛首虎鼻:此有非人之狀,而有大聖之德。」又《淮南子・覽冥訓》:「(石岩)水出北山,山上有女媧祠。庖犧之後有帝女媧焉,與神農為三皇矣。」因此,在漢畫

---

7 馬茂元先生曾明確地提出這一觀點,請參見其選注的《楚辭選・前言》(人民文學出版社 1958 年版)。司馬遷撰《史記・五帝本紀》則以黃帝為五帝之首,未言及伏羲,只是在《封禪書》、《太史公自序》等處對其約略提及,隱約地表明了他未採信神話的歷史觀。

像石、畫像磚中大量的伏羲女媧形象，儘管在表現風格上有地域（四川、河南、山東、江蘇等）的差異，其源頭則仍應是楚地的文化。姜亮夫先生在其巨著《楚辭通故》中對涉及女媧、伏羲關係的古文獻有詳細引述，茲不贅述。[8]

現在還需要對唐代西州墓葬中的伏羲女媧圖像作進一步的源流與比較研究，了解它們在歷史文化傳承中的地位。

《漢書‧律歷志上》：「《虞書》曰『乃同律度量衡』，所以齊遠近，立民信也。自伏羲畫八卦，由數起，至黃帝、堯、舜而大備。三代稽古，法度章焉。」馬王堆 1 號、3 號墓出土的帛畫已經有清晰的人首蛇身及日中金烏、月上蟾蜍等圖像。東漢時荊楚人王延壽《魯靈光殿賦》則明確描述了當時殿堂壁畫「伏犧鱗身，女媧蛇軀」的畫面，也說明了楚風在魯地影響之廣。屈原時代，楚、秦、齊三國為爭霸主角，時和時戰，若即若離，關係密切，楚風、秦音、齊俗不斷交融，應該對繪畫題材起了很大影響。黃、淮流域和齊魯大地所出漢代畫像石、磚中伏羲、女媧的基本形像是人面蛇身，肩有翼或無翼，蛇尾交纏或未交；女媧手持「規」，伏羲手持「矩」，表明「同律度量衡」以規範天地。（圖 10、圖 11）因為要表明「觀象於天」，也有些繪出了日月星辰的畫面。

8　請參看姜亮夫《楚辭通故》第一輯「天部‧女媧」，雲南人民出版社 1999 年版，第 183-186 頁。

▲ 圖 10　山東沂南出
土漢畫像石
拓本　　　　▲ 圖 11　北京修石齋收藏的徐州
地區伏羲女媧漢畫像磚
拓本

　　唐代的伏羲女媧圖像顯得更加豐富多彩。唐人是將前人的神話傳
說及史籍記載都匯聚在一起來發揮想像的，這在一首唐詩中有非常清
晰、形象的描述：「女媧本是伏羲婦，恐天怒，搗煉五色石，引日月之
針，五星之縷把天補。補了三日不肯歸婿家，走向日中放老鴉。月裡
栽桂養蝦蟆，天公發怒化龍蛇。」（盧仝《與馬異結交詩》）從史籍看，
唐人普遍祭祀伏羲女媧，似應始於高宗之時，據《舊唐書・禮儀志》
記載，高宗顯慶元年（656）太尉長孫無忌與禮官等奏議：「宗祀明堂，
必配天帝，而伏羲五代，本配五郊，預人有堂，自緣從祀。」9 又據《舊
唐書・音樂志》載：高宗室奠獻用《鈞天》之舞一章，末云「合位媧
后，同稱伏羲」10。於是，祭奠伏羲、女媧遂風行全社會，成為一種文
化認同。吐魯番唐代墓葬裡的伏羲女媧圖，應該就是西州地區同樣流
行這種祭祀禮儀的證據。而且，在圖像上可以看出這種葬禮也是「入
鄉隨俗」，在人物位置、形象、服飾與背景設置上都有變化，風格頗

9　見《舊唐書・禮儀志一》，中華書局 1975 年版，第 821 頁。

10　見《舊唐書・音樂志四》，中華書局 1975 年版，第 1138 頁。

異。（圖 12）右圖為麻繪，伏羲在左，女媧在右，漢人形象，唐人頭飾，穿合體緊身裙服；伏羲所持矩似帶墨斗，背景上日下月圖像較抽象，而星斗形狀位置清晰。左圖似為胡人敞領袍裝，女媧在左，伏羲在右，日中金烏、月宮蟾蜍形象具體，但星星形狀不規則如砂石散佈。本圖與前述韓國所藏麻、絹伏羲女媧畫相較，亦有異同。韓藏麻畫中伏羲女媧所著似是漢胡混合型服裝，且伏羲右手捏一墨斗，自女媧右肩自然垂至腋下，女媧左手亦搭在伏羲左肩上，也頗有生活情趣。

從伏羲女媧圖像自楚地、中原到吐魯番地區的流變，似乎可以理出一條楚風影響漢地——唐韻融合胡風的清晰脈絡。其實，新疆大量出土文物正是各民族文化交融的生動例證，我們可以從中去探尋優秀傳統文化傳承的具體蹤跡和規律，努力構建文化繁榮，經濟富強、民族團結的和諧社會。

▲ 圖 12　風格頗異的吐魯番出土伏羲女媧圖

（2012 年 6 月）

繼承發揚學術團隊精神

——為中國敦煌吐魯番學會創建三十週年而作

作為在學術圖強的鮮明背景中創立的群眾性學術團體，中國敦煌吐魯番學會自創建伊始，就把提倡團結協作的團隊精神、培養傳承有序的學術梯隊當作自己最為重要的任務之一。學會三十年的歷程證明：團隊精神對推進中國敦煌吐魯番學的發展至關緊要，不可或缺。

一九八三年學會成立之前，中國的敦煌吐魯番學研究者事實上已經從基本上是散兵游勇的狀態逐漸形成了幾股「繩」——北京大學、中國社會科學院、首都師範大學一些學者間的合作，武漢大學唐長孺教授帶領的整理吐魯番出土文書的隊伍，蘭州甘肅省社科院文學所連繫的研究敦煌文學的一批學者，新疆博物館、考古隊的專家隊伍，加上中國唯一的敦煌學研究機構：敦煌文物研究所已經組織該所的研究人員從事若干課題的研究並籌劃召開全國性的學術研討會。在這種情勢下，急需大家「擰成一股繩」——最可行的辦法就是成立一個全國性的學術團體。於是，在教育部周林的領導下，開始了中國敦煌吐魯番學會的籌備工作。眾所周知，籌備會議上出現了分歧：這個學會設

立在何處（蘭州、北京）？是否需要一個「中心」或「核心」（比如敦煌研究院、北京大學）？經再三協商，議決中國敦煌吐魯番學會於敦煌研究院召開全國敦煌學討論會時在蘭州成立，由季羨林教授擔任會長，學會秘書處設在首都師範大學。學會籌建前後的相關情況，已有劉進寶等撰寫的若干文章敘述，本文則是希望通過我所了解的一些具體事例來說明「團隊精神」對於一個學術團體建設與持續發展的重要性。

三個資料中心的建設。 學會建立伊始，便決定在北京、蘭州、烏魯木齊三地分別建立各有側重的敦煌吐魯番學資料中心。北京資料中心採取學會與北京圖書館善本部共建的辦法，因為有大量舊藏資料（包括王重民等先生從巴黎、倫敦拍攝的珍貴照片）作基礎，又有館長任繼愈先生的指導，有徐自強先生的具體籌劃，學會及時撥專款予以支持，具體承辦人員通力合作，順利地解決了部門設置、人員編制、圖書資料調集等問題，中國第一個，也是世界上第一個敦煌吐魯番學綜合性的專業資料中心於一九八八年正式成立。二十五年來，這個資料中心一直和學會有密切的連繫，在敦煌吐魯番學的學科建設、人才培養與學術交流中發揮了積極的作用。蘭州敦煌學資料中心，側重敦煌學圖書資料，委託蘭州大學歷史系籌建，連同《敦煌學輯刊》一併由學會予以資助。一九八三年秋該資料室正式建立，起始由蘭州大學歷史系敦煌學研究小組具體管理，主要服務對像是系裡師生，九〇年代後期遂歸入蘭大敦煌學研究所的資料室，不斷充實圖書資料，已有相當規模。鑒於蘭大敦煌學所作為教育部重點學科的基地，多年來整體發展勢頭良好，也推動了圖書資料的建設，成為名副其實的敦煌學資料中心。新疆吐魯番學資料中心側重吐魯番學的圖書資料，當時委託擔任學會副秘書長的新疆考古所穆舜英研究員籌建，因為學會所撥專

項經費被用於購置攝像機等設備，又遲遲未落實開辦具體地點（烏魯木齊或吐魯番），也未商量落實相關人員、編制，所以一直未正式建成。二十世紀九〇年代後期，季羨林會長曾命我赴烏魯木齊向自治區領導報告以協調此事，亦無成效。隨著穆舜英研究員的退休、去世，此事遂成空案。究其「流產」的主要原因，是主事者僅憑個人意志行事，且不願與新疆考古所及吐魯番文物局的相關研究者協商共建，缺乏團隊支撐。當然，新疆吐魯番學會的工作，受該地區行政領導變化的正、負面影響都比較明顯，而且多年來在培養本地區專業人才使之形成研究梯隊，採取措施保護人才不至流失等方面的工作也有待改進。

敦煌文獻的整理出版工作。 從《英藏敦煌文獻（漢文佛經以外部分）》圖錄本的完成到《英藏敦煌社會歷史文獻釋錄》項目的進行，中國敦煌學界，尤其是中國敦煌吐魯番學會的團隊精神得到了充分的展示。編輯出版《英藏敦煌文獻（漢文佛經以外部分）》圖錄本，是學會成立後進行的第一個大型的敦煌學國際合作項目，是學會以「敦煌古文獻編輯委員會」的名義，與英國國家圖書館、倫敦大學亞非學院合作，由學會副會長兼秘書長寧可教授與中國社會科學院歷史所宋家鈺研究員等具體組織實施，其中甘苦已有多篇文章述及，此不贅述。我只想說明依照當時的情勢，若非參與者的齊心合力克服拍攝英藏敦煌寫本原件的種種困難，英方的積極合作態度，以及四川出版界同行的篳路藍縷之功，要在短期內高質量出版此書幾乎是不可能的。之後，上海古籍出版社開始了艱辛的編輯出版法、俄等國所藏敦煌文獻及部分藝術品圖錄的工作。由於具體領導與組織此項龐大工程的古籍社同仁開始是憋著「爭一口氣」的勁來做此事的，基本上採取了對外保密的封閉作業的方式，帶有單打獨鬥的性質，因此不僅增添了工作的難度，而且第一批圖書的質量（特別是敦煌寫本的定名上）亦不免受到

影響。一九九五年夏天，在學會於新疆召開的敦煌吐魯番學出版座談會上，與會學者對這種方式提出了批評和改進建議，古籍社的同仁從善如流，很快便加強了和學會眾多學者專家的連繫，遂得以充分利用團隊優勢，發揚合作精神，提高了工作效率與圖書質量，也積累了出版敦煌文獻大型圖錄本的豐富經驗。之後，在敦煌文獻注記釋錄的古籍整理大型工程上，也有經驗及教訓可言。《敦煌（經史子集四部）文獻合集》是二十世紀末浙江大學古籍所向高校古委會申請的重大項目。因為浙江大學古籍所的敦煌學語言文字研究團隊，從姜亮夫先生到郭在貽，到張涌泉、黃征以及他們的學生，傳承有緒，實力雄厚，而且有季羨林等先生的力挺，所以很順利地獲准立項並付諸實施。我也很快請啟功先生預先題寫了書名。然而，其後由於兄弟鬩牆，人員調動，力量分散，除了經部文獻的整理工作在涌泉、建平、長龍諸位的努力下，順利完稿交中華書局出版（但不得已將書名改為《敦煌經部文獻合集》，重新調整題簽文字，以求主動），並獲政府出版獎殊榮；其他各部則進展遲緩乃至在一段時間內停滯不前，不得已只能走馬換將，另外聘請校外專家參與。《英藏敦煌社會歷史文獻釋錄》則是首都師範大學歷史學院申報的社科規劃項目，亦於上世紀九〇年代後期通過立項，後來又申報成為上海市哲學社會科學規劃重大課題，目前已列入國家社科基金重大項目。由於學會會長、主編郝春文教授多年來堅持校內團隊與校外專家相結合的方針，所有編委都必須通讀校樣提出修改意見（編委會九名成員中有八名學會常務理事、一名敦煌研究院研究員，涉及多個學科方面的學者），又通過組織讀書班集思廣益，培養以在校博、碩士研究生與博士後為主的後續隊伍（第九、十卷的十二名編著、助編人員除主編外，均是年輕學者），不但充分發揮了團隊優勢，而且鍛鍊和培養了學術梯隊，因而進展順利，至今已經

正式出版十卷。同樣，以學會副會長、北京大學中古史研究中心主任
榮新江教授為主導的《新獲吐魯番出土文獻》的編輯出版，在發揚團
隊精神方面的經驗也可圈可點。我曾在《讀「新獲吐魯番出土文獻」
的感受》一文中對此做了比較詳細的闡述，概括起來，體現為：其
一，三位主編的明確分工合作；其二，主編對年輕學者的引領培養及
對學者前輩和同輩同行的尊重；其三，吐魯番地區與國外同行的協作
支持；其四，在該成果對外推廣宣傳上「團隊成員齊上陣」的「推力」
效應。[1]

　　《敦煌文學作品選》和《敦煌文學》、《敦煌文學概論》的編寫。
一九八二年由甘肅省社會科學院文學所主辦的「敦煌文學座談會」在
蘭州舉行後，經周紹良先生提議，有關研究者開始合作編選《敦煌文
學作品選》。開始由於事先統一了全書體例，選目和分工明確，進展比
較順暢。書稿交中華書局正式發稿前，我作為責任編輯，提出了審讀
意見，其中特別指出有的作者的注釋不盡符合體例要求，為了盡量減
少差錯，紹良先生建議再由參與編注的項楚先生通讀一遍書稿，並逐
篇提出修改意見。孰料有個別作者認為項楚的職稱不如他高，不能審
讀他的稿件。此事頗使紹良先生和我感到愕然，因我當時也沒有獲評
高級職稱，又如何能審改他的稿件呢？之後，雖然我們堅持請項楚通
讀其他作者的部分書稿，保證了全書的質量和按期出版，但畢竟一個
臨時團隊的和睦氣氛遭到了破壞，對後來敦煌文學研究隊伍的團結合
作多多少少帶來負面的影響，而那位學者之後基本上游離於學會之
外，成為名副其實的單幹戶。學會的語言文學分會正式成立後，紹良
先生又掛帥編撰《敦煌文學概論》（後來決定先出版其副產品《敦煌文

1　請參見拙著《品書錄（增訂本）》，甘肅教育出版社 2011 年版，第 240-243 頁。

學》），由顏廷亮先生具體組織實施，作為分會的一個集體項目。從北京，到天水、蘭州，參與編寫的同仁們認真討論提綱，分頭撰寫初稿，在編寫中堅持協商、交流以保證體例統一，內容不矛盾、衝突或重複，最後再由主編統一審稿。當時，有些內容還在由顏廷亮主編的分會《通訊》上刊發，起到了更廣泛徵求意見的作用。兩書正式出版之後，作為中國古代文學史方面開創性的著作，也得到了學界的好評。

　　「走近敦煌」與「敦煌講座」叢書的編撰。「走進敦煌」叢書是榮新江和我二人應甘肅教育出版社之約負責主編的敦煌學普及讀物。從擬訂選題、物色作者人選、編撰體例、文字審訂到圖片安排，我們都盡量做到學術性、可讀性的結合，注意圖文並茂，要求創新與規範的統一，做到高質量、嚴要求、便於操作。十二冊書的作者，尤其是敦煌研究院的幾位作者，不僅互相配合，抓緊進度，而且協助出版社較好地解決了圖片的使用問題，體現出團隊精神。季羨林會長特地為此書改寫的序言，也體現了前輩學者扶助、獎掖後進的高風亮節。甘肅教育出版社從領導到文字、美術編輯，乃至印製、發行部門人員，也始終與我們及時溝通、協商，高度認真負責地做好每一個環節。這套書出版後，得到廣大讀者認可，並一舉獲得了「三個一百原創工程獎」和「第二屆優秀讀物獎」兩項全國性的大獎。「敦煌講座」是榮新江教授深思多年提出的選題，定位於以中青年學者為主要撰稿人，反映敦煌學研究的新成果、高水平，以加速形成一支年輕的敦煌學研究的作者隊伍。這個設想很快得到甘肅教育出版社領導的贊同，仔細商量，認真實施。為體現團隊精神，榮教授提議由幾位編委分工審稿，他親自把關但不設主編。目前全套叢書已經完稿近三分之二，今年內可望正式出版近十種，應該也是體現團隊精神、發揮集體優勢的結果。[2]

2　　該書系正式出版後，即於 2014 年獲評全國第五屆「優秀讀物獎」。

　　當然，中國敦煌吐魯番學會發揚團隊精神的事例還遠不止上述這些，例如堪稱學會學術輯刊的《敦煌吐魯番研究》，二〇〇三年敦煌學國際聯絡委員會成立後逐漸正規化為年刊的《通訊》，在集體辦刊過程中都有不少經驗教訓可總結；此外，這些年來在高校相關項目立項與成果的推薦、評審中，在參與研究生論文的審讀與答辯中，學會同道的相互支持作用也十分明顯。我個人認為，在現今集體科研項目日益受到重視而團隊協作風氣日趨淡薄的強烈反差中，越發需要弘揚團隊精神。當然，這種團隊精神，決非「小團體主義」的拉幫結夥，也並非是不講原則的一團和氣，而是出於公心，以事業為重，團結協作，協調促進，群策群力，集思廣益，發揮集體智慧，提高工作效率；這種團隊精神，也應有利於優良學風的傳承，有助於培養新生力量、後續梯隊，以保證可持續發展。從根本上來看，團隊精神不但不會影響個人利益、個人發展，反而有益於個人才能的充分展示，使個人在與團隊其他人的協作中得到薰陶和最切實有效的鍛鍊，建立「學誼」。敦煌吐魯番學涉及學術門類多，學科交叉多，國際交流多，新材料、新問題、新方法、新成果也層出不窮，中國敦煌吐魯番學會有數百名會員，若干個專業委員會，分布全國各地區的高校與研究機構，多年來有老一輩學者以身作則的傳幫帶，有年輕學者只爭朝夕的後浪趕進，又有日益增強的國際合作的良好氛圍，這都是進一步發揚團隊精神的基礎與條件。因此，在慶賀學會「三十而立」之時，作為一名老會員，不揣淺陋，撰此短文，以求學會同仁批評指正。

（2013 年 6 月）

國際敦煌學：世界學術之新潮流
—— 兼談韓國的絲路文化與敦煌學研究

　　一九九五年一月，我曾應韓國三聯書店之邀，和周振甫、馮其庸二位前輩一道訪問首爾，和韓國敦煌學會的同仁交流並作關於敦煌吐魯番學的演講。事隔十八年，得以在蘭州和韓國高麗大學民族文化研究院的學者相聚，十分高興。根據本次學術研討會承辦單位蘭州大學敦煌學所的安排，就國際敦煌學做一個簡短的發言，以求得與會專家學者的指教。

　　關於「敦煌學」，中國著名學術大師陳寅恪教授在二十世紀三〇年代為陳垣（援庵）先生所編《敦煌劫餘錄》所撰「序」中指出：

　　一時代之學術，必有其新材料與新問題。取用此材料以研求問題，則為此時代學術之新潮流。治學之士，得預此潮流者，謂之「預流」；其未得預者，謂之未入流。此古今學術史之通義，非彼閉門造車之徒所能同喻者也。敦煌學者，今日世界學術之新潮流也。自發見以來二十餘年間，東起日本，西迄法英諸國學人，各就其治學範圍先後

咸有所貢獻。吾國學者，其撰述得列於世界敦煌學著作之林者，僅三數人而已。……或曰，敦煌者，吾國學術之傷心史也。其發見之佳品，不流入於異國，即秘藏於私家。……是說也，寅恪有以知其不然。

　　這就非常精闢地說明了什麼是「世界學術之新潮流」的問題。我的理解，要形成「世界學術之新潮流」，應該具備下列基本條件：第一，發現新材料，使用新方法，提出新問題，得出新結論。一九○○年敦煌莫高窟藏經洞所出大批古代文獻、文物，為學界提供了極為珍貴的新材料，而這些材料涉及敦煌這個絲綢之路「咽喉之地」的政治、經濟、宗教及民族文化交流的各個方面，促使學者運用「二重證據」乃至多重證據的方法進行分析研究，提出往往是綜合了各學科的諸多新問題，提出新的論題，得出新的結論。第二，展現出國際性。敦煌藏經洞文獻、文物自上世紀初發現後隨即流散各國各地，或流入異國，或秘藏私家，引起英、法、俄、日、美等國學者的極大興趣，紛紛運用這批新材料研究中國古代歷史文化領域內的各種課題，特別是涉及不同宗教寫本、胡語文獻，能夠清晰展現各民族文化交融的課題，使得敦煌學興起伊始，就帶有國際化的性質。第三，體現創新精神。材料新，論題新，方法新，擴大了學術視野，也逐漸加強了國際合作，必然會產生新認識、新成果。當然，我這裡強調的「創新」，無論對中國學者還是外國學者而言，都是遵守學術規範基礎上的創新。

　　今天，在我們回顧中外學者「預流」「國際敦煌學」的百年歷程時，必須清醒地認識莫高窟藏經洞古代文獻流散的負面與正面效應。莫高窟大批珍貴文物的流散、破碎乃至損毀，破壞了它們千年窟藏的原貌，這不但傷害了中國學界的民族自尊與學術尊嚴，也造成了研究的重重困難。另一方面，藏經洞文獻也引起了國際與中國國內學界的

震撼和關注，驅使大批一流學者投入研究，使敦煌學成為國際「顯學」。這不僅大大促進了「國際漢學」（「中國學」）的發展，也啟示東西方學者找到了共同研究古代民族文化交流的重要途徑。一批中國學者則從「傷心史」的感嘆中奮起直追，從宋明理學和乾嘉學派的局束中拓展眼光、更新方法，變被動為主動，努力趕上世界學術的新潮流。

我認為，在百年國際敦煌學的歷程中，下列三個方面的進程是值得回顧與總結的。

第一，敦煌文獻從被動展示、萬里尋訪、有條件交換，到主動整理、刊布、出版的國際合作框架的形成。

與研究者的急切心情相反，在二十世紀上半葉，敦煌文獻收藏國、持有者在公布相關資料的總的態度是比較消極被動的。如學界熟知的伯希和一九〇九年九月在北京展示其所獲部分敦煌寫本之事，也並非他主動所為。他一九〇八年三月劫取莫高窟藏經洞文獻後，即設法將它們偷運回法國，其第二年再來中國時，並未打算公布此事，只是為了應承端方的條件，不得已才在京展示部分寫卷。後來王國維先生要求購買其中《雲謠集雜曲子》寫卷照片時，他也甚為拖延。英藏品的編目與刊布也甚緩慢、滯後；俄藏編目也直至上世紀六十年代才部分印行；日藏敦煌文獻流散最廣，且長時間沒有正規的編目及刊布。旅居法國的華裔學者在法藏編目的工作中發揮了積極的作用，但是該編目至今沒有完全刊布（缺第二卷）。在這種情況下，自上世紀三十年代始，中國學者王重民、向達、姜亮夫及鄭振鐸等先生，開始了遠赴海外尋訪敦煌文獻的艱辛歷程，其後又紛紛以編目、掇瑣、零拾及題跋的形式進行整理與刊布和初步研究。到上世紀五〇、六〇年代，隨著中外館藏敦煌文獻縮微膠卷的交換、購買，《敦煌遺書總目索引》、《敦煌變文集》的編撰出版，敦煌文獻的編目與分類編集取得較

快進展。之後，中國大陸地區雖因「文革」運動導致了整理研究工作的停滯，但港臺地區和日本、法、英等國的相關工作卻取得了顯著的成績。一九八一至一九八六年間，臺灣版《敦煌寶藏》圖錄本的陸續編印出版，在一定程度上提高了研究者利用敦煌文獻的熱情與效率，同時也感到了國際合作的急迫。一九八三年八月中國敦煌吐魯番學會成立後，中國學術界和出版界與英、法、俄等國合作編印各國藏敦煌文獻圖錄本的豐碩成果，則不但推動了中國國內收藏與日本所藏敦煌文獻圖錄本的編印出版，中國各地與英、法等國也逐漸形成了一個主動整理、刊布敦煌文獻的國際合作框架，尤其是英國國家圖書館發起的國際敦煌學（IDP）數字化合作項目的開展與不斷擴展，樹立了國際敦煌學進行實質性合作的一個成功範例，促進了世界敦煌學研究的迅速發展。

第二，國際性學術研討會的舉辦與學術交流的日益活躍以及與相關文藝創作的交相輝映。

據我所知，自一九八三年八月中國敦煌吐魯番學會成立以來，已經在中國的北京、蘭州、烏魯木齊、敦煌、成都、杭州、香港、臺灣、南京和法國、英國、日本、韓國、俄羅斯等國先後舉辦了二十多次敦煌學的國際研討會，各國學者切磋與共，很好地體現了敦煌學的國際性。會上會後學者間的學術切磋，包括在專門出版物上的刊文探討和私下的書信往來，也呈現出越來越健康、常態化的趨勢。

與學術交流相呼應，各國創作了大批用小說、報告文學、美術、電影電視、歌舞等文學藝術形式反映敦煌歷史文化的文藝作品，對宣傳這一世界文化遺產起到了很好的作用。如中國甘肅省歌舞團的《絲路花雨》曾到幾十國國家演出，日本的舞劇《大敦煌》曾到中國公演，均引起很大的反響；日本作家井上靖的小說《敦煌》及改編的同名電

影；紀錄片《絲綢之路》、《敦煌》等的熱播等等，都不僅促進了國際文化藝術交流，在某種程度上也起到了宣傳敦煌文化和敦煌學研究「催化劑」的作用。

第三，「敦煌學國際聯絡委員會」成立十年來的協調與推進作用。

經日本京都大學高田時雄教授倡議，在中國敦煌吐魯番學會會長季羨林教授親自指導下，二〇〇三年三月八日，「敦煌學國際聯絡委員會」在日本京都正式宣告成立。該委員會的主要任務是聯絡世界各國的敦煌學研究機構與學者，協調相關科研項目，協助組織舉辦相關國際研討會和學術考察。十年來，敦煌學國際聯絡委員會已在京都、北京、臺北、聖彼得堡、倫敦等地召開過若干次幹事會或幹事擴大會；編輯出版了《敦煌學國際聯絡委員會通訊》，每年一期，由上海古籍出版社正式出版。經聯絡委員會倡議、協調、組織，已經先後在南京、聖彼得堡、阿拉木圖舉辦了敦煌學或絲綢之路的國際研討會及相應的學術考察活動，取得了積極成果。

我們一直提倡國際敦煌學界要大力開展實質性的合作項目，即要求課題具體、人員落實、計劃可行、目標明確、成果共享。

到目前為止，國際聯絡委員會的幹事有：日本——高田時雄，中國——郝春文、樊錦詩、柴劍虹、鄭阿財，法國——戴仁，英國——吳芳思，俄羅斯——波波娃，哈薩克斯坦——克拉拉・哈菲佐娃，德國——茨木，美國——梅維恆、太史文。我個人認為，國際聯絡委員會可進一步擴大組織，增強實質性的合作交流，為推動國際敦煌學的發展做出更多的貢獻。

由韓國地方政府出資支持並指導的本次學術研討會，一個重要的目的積極推進韓國絲綢之路文化與敦煌學的研究，這是拓展國際敦煌學研究視野的一次有益嘗試。就我本人對有關資料的初淺了解而言，

特別關注以下幾個方面的課題：

其一，隨著絲綢之路東延的佛教文化的傳播問題。隋唐之後，與佛教及其文化藝術東傳密切相關，絲路東延至山東半島，並渡海至朝鮮半島和日本，是十分重要的史實，其中可深入探討的問題甚多。尤其是新羅僧慧超西行與佛教東傳的關係，韓國佛教藝術與敦煌石窟藝術、天水麥積山雕塑、山東青州佛像之間的血肉關聯，都應該是饒有意義的課題。

其二，高麗樂舞對中國民族樂舞乃至中國古代文學的影響問題。作為豐富多彩、特色鮮明的民族樂舞，「高麗樂」在中國傳統樂舞文化中，占有重要的位置，也一直為中國的舞蹈史研究者所青睞，但如何結合古代留存的典籍文獻，結合敦煌壁畫等相關形象資料做源流、特質與比較研究，仍是一個有待深入探索的問題。至於高麗樂舞對中國唐詩的影響問題，更幾乎是有待填補的空白。例如著名詩人李白有一首《高勾麗》詩云：「金花折風帽，白馬小遲回。翩翩舞廣袖，似鳥海東來。」長期以來讀此詩者都不解或誤解這個舞蹈與「白馬」的關係，直至人們看到了吉林集安面世的高勾麗墓壁畫中穿著白鞋的舞者服飾，才明白「白馬」乃「白鳥」之誤。另外，唐詩人許渾《送友人罷舉歸東海》中有這樣四句：「滄波天塹外，何島是新羅。舶主辭番遠，棋僧入漢多。」證明唐朝時來中國的新羅僧人裡有技藝高超的「棋僧」，也說明當時中、韓棋類文化的交流已經相當頻繁。韓國學者對敦煌文學的關注較早（如李秀雄教授的有關論著），如果能進而將其放在中、韓文化交流的背景中來研究唐詩，會有新的收穫。應該說，唐詩的繁榮，也有朝鮮半島文化藝術的貢獻在內。

其三，韓國所藏敦煌文獻與新疆吐魯番出土文物的整理與研究問題。

　　由於歷史的原因，目前韓國所藏敦煌文獻及吐魯番文物，基本上是日本大谷探險隊從敦煌和新疆劫掠，後轉賣給韓國的。這些珍貴資料，過去僅有少數文章披露（如檢索有關目錄得知王先平在《西北史地》一九九五年第一期上刊登有《韓國藏大谷光瑞中亞文物收集品的種類及變遷》一文），且鮮有研究。一九九五年我在韓國中央博物館參觀時，即看到兩幅出自吐魯番古墓葬的伏羲女媧圖，均是西元七世紀中後期作品。一幅為79cm×189cm，麻本彩色；另一幅為98.2cm×225.5cm，絹本彩色[1]。同時展示的還有高昌、龜茲石窟的壁畫殘片及敦煌的幡畫等，估計均是被日本大谷探險隊掠走後流入韓國的。二圖所繪伏羲女媧雖都是唐時服飾，但一圖著 V 型敞領束袖袍服（胡服？），另一圖著小圓領寬袖短裙裝（漢裝？）；更為奇特的是，包括圖二絹本畫在內，以往我們看到的伏羲女媧圖二人都是連袖（左右臂連體統袖），而此圖一麻本所繪為二者互有一手搭肩，伏羲右手所握之墨斗還從女媧右腋垂下。充滿了生活氣息，體現出畫家高超的想像力與創造性。吐魯番古墓出土的伏羲女媧圖像甚多，且風格不一，如果能對它們做系統而全面的梳理，對於我們提供一個典型事例來認識絲綢之路上炎黃文化的流播、變遷，肯定會有很好的啟示。此外，對韓國所藏絲路其他出土文物（壁畫、雕塑品、寫本）的研究，也肯定會進一步拓展敦煌學研究的國際視野。我們堅信，隨著國際敦煌學、絲綢之路學研究的不斷推進，韓國的學者專家們一定會在這方面作出更大的貢獻。

（2013 年 8 月）

1　請參見韓國三和出版社 1986 年印行的韓國中央博物館館藏圖錄。

拓展學術視野，注重個案研究
—— 在「敦煌服飾暨中國古代服飾文化學術論壇」上的主旨發言

　　為配合北京服裝學院與敦煌研究院聯合舉辦的「垂衣裳——敦煌服飾文化展」，北京服裝學院主辦本次「敦煌服飾暨中國古代服飾文化學術論壇」。首先要對邀請我與會表示誠摯的謝意，也謹代表中國敦煌吐魯番學會祝賀此次論壇取得圓滿成功！

　　我於敦煌服飾及中國古代服飾文化研究知道甚少，然饒有興趣，曾寫過一二篇學習文章。這次承蒙陳芳教授送來兩期北京服裝學院《藝術設計研究》學報，拜讀了上面刊載的相關學術論文，受到啟示，願意在此談談自己的一點感受，以求教於各位專家學者。

　　中國古代服飾文化是傳統文化中最具有民族化、大眾化、多元化色彩，最富有時代感和生命力，最體現創新性與實用價值的文化門類。古代留存下來的文物圖像資料和傳世的古代典籍裡保存的許多文字記載，是我們今天研究古代服飾文化最重要的依據；而自古傳承至今、在民眾生活中依然鮮活靈動的服飾，堪稱我們研究中不可或缺的「活化石」。

「敦煌服飾」，主要是指以莫高窟為代表的敦煌石窟群的彩塑、壁畫及藏經洞所出染織品中的服飾內容（包括服裝樣式、圖案、質地、工藝及飾品等）。由於敦煌石窟位於著名絲綢之路的「咽喉之地」，是各民族文化交流的「廣闊舞臺」，文化血脈延續千年，圖像與實物資料彌足珍貴，成為我們今天研究古代服飾文化的寶庫。

沈從文先生是現當代中國研究服飾文化當之無愧的學術大師和領軍專家（雖然他自謙為「探路打前站小卒」），不僅其研究成果舉世公認，而且他遵行的從常識出發排比材料，以圖像為主結合文獻進行比較探索、綜合分析，得出新認識、提出新問題的研究方法（參見沈從文《中國古代服飾研究・引言》，上海書店出版社 2005 年版），他注重的普及與提高並重、傳承與創新結合的研究目標，都值得我們很好地學習、繼承和發揚。相對於學術研究的「傷心史」和「沉悶期」，我們今天能在前輩心得、經驗與成果的基礎上從事服飾文化研究，條件已經好得多了。今天，我們可以獲取更多更新的研究資料，可以進行更自由、寬泛的文化學術交流（包括實地的調查和考察），可以借鑑更豐富的治學門徑，可以藉助更快捷的獲取信息的工具，應該能夠將服飾文化的研究推向深入。

我拜讀的兩期《藝術設計研究》（2012 年 03 秋、2013 年 02 夏）中刊登的八篇古代服飾研究論文，就是研究正在紮實推進的最好證明。如陳芳的《晚明女子頭飾「臥兔兒」考釋》一文，不僅以翔實的資料考訂了這種頭飾的形制、流行時間、戴法與演變規律，而且進而論及它和當時馬市貿易的密切關係，論及它與游牧民族文化、時尚習俗的關聯。又如王子怡的《「宮衣新尚高麗樣」》一文，通過對元朝大都服飾盛行「高麗風」的歷史背景與動因的分析，說明了服飾時尚與政治變革及民族文化交流的關係。再如魏健鵬的《敦煌壁畫中襆頭的分類

及其斷代功能芻議》一文，以清晰的圖像資料為依據，將敦煌壁畫中的襆頭形象分為四個時期一一予以歸類，說明襆頭式樣的縱向與橫向變革歷程，並指出了它們與中原地區相比的相似性和差異之處，這樣，又為洞窟斷代提供了參考依據。其他五篇論文，也都資料豐富，論述清晰，有所新見。這些論文的一個共同特點，就是在充分吸收前人研究成果的基礎上，注意提出問題，拓寬思路，在努力搜尋新材料到同時，對原有的材料細加審視，深入個案分析，得出自己的結論。這就啟示我們，在敦煌服飾與中國古代服飾文化的研究上，應該進一步拓展學術視野，同時加強個案研究，做到更加富有創新精神。

學術視野關係到學術研究的生命力。最近，我在為《敦煌研究》創刊三十週年寫的一篇短文中指出：「一門學科的學術淵源與學術關聯還必然要涉及學術視野，尤其是研治敦煌學這樣一門在中外古老文明交匯、各民族文化交融大背景中產生的學問，能否拓展我們的研究視野至關緊要。」（請參見《敦煌研究》2013 年第 3 期《學術期刊的學術視野與創新》一文）敦煌服飾與中國古代服飾文化的研究同樣如此，它不僅涉及服飾史、美術史、民族史、科技史、文化交流史、物質文明史等，還涉及美學、社會學、心理學、考古學、藝術學、圖像學等多種學科，且血肉關聯，相互依存，如果拘束目光，囿於一隅，就式樣談式樣，就紋飾談紋飾，就工藝談工藝，就很難提出新問題、得出新認識，不易有新的突破。

同時，所謂「拓展學術視野」，並不等同於只做宏觀研究，而不做微觀的探索。恰恰相反，學術視野的拓展和細緻入微的個案分析是相輔相成的。我前面列舉的那幾篇文章，就是既有某一個時代或幾個時期的某一種服飾的研究，也有涉及服飾時尚流行的大課題，但都還是個案的分析。所謂個案，實質上就是某個具體的案例（或可稱為「子

課題」），但在一定程度上具有典型性，即既有普遍性、代表性，又有個性、特異性。簡而言之，拓展學術視野是要「大處著眼」，注重個案研究是要「小處入手」。這裡的「大」和「小」當然也都是相對的。

對敦煌服飾和古代服飾文化的研究而言，我以為和敦煌學一樣，都需要進一步做內容與風格的源流研究，溯本逐源，弄清其來龍去脈；我們也需要進一步做文化特質的研究，見微知著，探索其本質特徵；我們還需要進一步做各種的比較研究，認同求異，追尋其發展規律。而且，我們研究古代服飾文化的目的不僅僅是為了單純地崇古、尊古、賞古、存古、擬古乃至復古，不是為了複製、仿制一些古人服飾來演示、欣賞、收藏，而是為了積極傳承優秀文化的血脈使之發揚、通暢，為了在今天的服裝藝術設計與製作中迸發出創新的火花使之更加豐富多彩、燦爛輝煌，從而大大豐富當代中國乃至全世界的物質文化與精神文化生活。我們這個論壇的意義也正在於此。

謝謝大家！

（2013 年 10 月 23 日）

關於「絲路文物」幾個問題的初步思考

在中國領導人提出實施「絲綢之路經濟帶」與「21 世紀海上絲綢之路」偉大戰略構想之初，浙江大學和新疆文物局在杭州聯合舉辦「絲綢之路文化論壇・新疆」，其意義自不待言。承蒙受邀躬逢論壇，僅就與絲綢之路文物相關的若干問題作初步思考，提出淺見，敬請與會專家指正。

遺存至今的「絲路文物」是「絲綢之路文化」的重要載體。目前，「古代絲綢之路」的概念已漸趨清晰：其關涉地域廣袤──除了發自中國中原經河西地區與西域通往中亞西亞、歐洲、非洲的通衢，還包括經蒙古草原與南西伯利亞通往西方的「草原絲綢之路」和途徑東海、南海、印度洋的「海上絲綢之路」的廣闊地域；其延續時間漫長──從中國先秦時代一直延伸至宋、元、明、清各封建王朝時期。因此，「絲路文物」既是我們研究華夏文明與世界其他古老文明交融不可或缺的珍貴資料，也與今天實施「一帶一路」戰略密切關聯，是豐富而寶貴的歷史鑑證。

二〇一四年六月二十二日，「絲綢之路：長安─天山廊道路網項

目」入選世界文化遺產名錄，中國河南、陝西、甘肅、新疆的二十二處文物遺址成功入選。其中新疆六處：高昌故城、交河故城、克孜爾尕哈烽燧、克孜爾石窟、蘇巴什佛寺遺址、北庭故城遺址，都是我也曾多次考察的重要遺址。歷經磨難，在我們為「申遺」成功而歡呼雀躍之後，如何總結經驗教訓，切實加強對這些遺址點的保護、研究、開發、利用，成為新疆文物工作者與領導、管理部門責無旁貸的重要任務。例如，一九七九年夏天我曾考察了位於新疆吉木薩爾縣境內的北庭故城遺址，發現由於各種原因，遺址無人值守管理，已遭嚴重破壞，除殘存的斷牆敗垣外，遺址內隨意開墾，一大半土地已栽植了玉米等莊稼，令人嘆惋。考察期間，我還參與了新疆博物館考古隊對附近回鶻佛寺（西大寺）進行的考古發掘工作，儘管考古工作者盡心盡力，細緻發掘，有很好的成果，但由於工作條件所限，面世文物很難保護，有些只能就地回填，該窟寺的考古報告也是多年後才得以出版。一九八〇年夏，我「單槍匹馬」赴南疆庫車地區考察，在當地石油部門的幫助下，好不容易才考察了著名的庫木吐拉石窟區，發現因附近建起「東方紅水電站」，水位上漲，淹進下層洞窟，致使許多精美的彩塑、壁畫毀損；此外，還有人在洞內養羊，在壁畫上隨意刻畫。痛心之際，我寫了一首帶短序的詩《救救庫木吐拉》，呼籲搶救與保護這些無與倫比的珍貴文物（第二年，詩序改為一則短文由《新觀察》雜誌發表，詩歌則刊登在 1981 年 4 月 24 日的《人民日報》上）。一九九八年七月，龜茲石窟研究所正式向新疆維吾爾自治區領導提交報告，要求廢止東方紅水電站，以解決庫木吐拉石窟的水患；然而聽說水電站至今還在運行。北庭故城近些年來採取的保護措施取得了初步的成效，值得肯定；而庫木吐拉石窟教訓慘痛，沒有入選世界文化遺產名錄絕非偶然。近些年來，克孜爾石窟的保護、研究工作取得了顯

著成績，有目共睹，入選名錄，可喜可賀；但同時，也得有危機意識——該窟位於地震活躍區域，附近建有中型水庫，有引發強地震之隱憂，必須加以防範。二〇一一年，我曾在克孜爾舉行的研討會上提交相關論文，二〇一三年九月又在斯里蘭卡舉行的佛教藝術論壇上對此做過進一步的闡述，茲不贅述。舉上述例子只是希望對世界文化遺產的保護決不能掉以輕心，更不能將它們作為當地政府部門的「搖錢樹」而隨意撼動。

「絲路文物」作為絲綢之路文化不可再生的重要載體，對其多元文化內涵的挖掘與文化特質的把握在保護與研究中至關重要。我認為，「文化多元」，不僅僅是「量」的疊加，更應是「質」的交融，是多種文化基因在不同條件、環境中的傳承、變異與創新，從而促進了文化的發展與繁榮。例如我們看一幅晉唐時期的佛教壁畫，不應只去判別它的圖像所反映的宗教內容，也必須關注它所反映的世俗生活，關注蘊涵其中的各族民眾的信仰、期盼和夢想，關注某些宗教以外的東西（如習俗、服飾、時尚，如藝術性、風格特色等）；是「各美其美」、「同善共美」，是「和而不同」，而非互相排斥。在相關研究中，我認為還應該進一步探索對這些文物的宏觀認識與個案研究的關係，進一步探求生成這些文物的文化交流大背景與具體人文、地理環境的關係；同時，也要關注其與當代政治、經濟、文化的關聯。例如新疆吐魯番地區古墓葬出土的一批伏羲、女媧圖，其與中國早期創世紀神話傳説及楚辭等文學作品密切關聯，與初唐時期的禮儀制度在西州的貫徹密切相關，也是中原地區民俗在西域民族聚居地區流變的生動例證。對這批文物，展示雖多而整體把握並深入研究尚顯薄弱。

對「絲路文物」的研究離不開對「絲路人物」及其經行路線的新認識。文物的主體還是創造了這些「物」的「人」，這就關係到對體現

物質文化、非物質文化「核心」的人的理解，涉及對開拓、經行與活躍在絲綢之路的一些代表人物的評價（如張騫、法顯、鳩摩羅什、隋煬帝、玄奘、鄭和等），涉及對政治、經濟、軍事、宗教與文化關係的分析。如隋煬帝時期在張掖舉辦二十七國貿易大會，用派設行政管轄機構、通婚等手段，鞏固絲路門戶伊吾，為保證絲路北、中、南三道暢通，促進西域和河西地區經貿往來與文化交流做出了貢獻，其歷史作用卻往往被今人忽視。又如高僧法顯於西元四世紀末西行取經求法，早於玄奘兩個多世紀，不僅在南亞大陸求法逾八年之久，而且還渡海到了盛行佛教的師子國（今斯里蘭卡），瞻仰佛牙精舍，巡禮眾多佛寺勝蹟，最後經海路至山東半島登陸，回到祖國。二〇一三年秋，我在斯里蘭卡觀瞻了曾留下法顯蹤跡的一些文物遺址，訪尋絲綢遺蹤，感性認識到斯里蘭卡不僅是陸上絲綢之路在南亞的一個終點，也是陸上絲路與海上絲路的一個連結處。了解這一點，對於我們今天實施「一帶一路」戰略似不無意義。再如新疆出土的一些古代民族文字寫本的佛經殘卷，和以鳩摩羅什為代表的西域譯經高僧的關係，似乎還有深入探究的必要。這對了解這些人物在佛教中國化的過程中的地位與作用，對認識「人」在絲路文化傳播和交融中的主體、能動作用，都會有所啟益。

要整體把握、宏觀認識「絲路文物」，還必須在加強調查、搜尋、整理現存出土文物的基礎上，加快並不斷完善絲路文物資料庫的建設步伐。絲路國內段所出文物，不僅分藏於國內的文博保護、展示單位與研究機構，而且已有相當數量流失海外；絲路國外段的相關文物，我們掌握的資料還十分有限。因此，如何加強與國內外文物收藏單位、研究機構和研究者的實質性合作，也是擺在我們面前一項十分重要的工作。近些年來，國家文物局等部門均有國內機構與個人相關的

科研項目立項進行，取得不少進展；但開展國際性的合作仍步履緩慢。新疆龜茲研究院在調查、蒐集上世紀初德、俄等國探險隊於新疆所獲寺廟、石窟文物方面，有很多收穫，尤其是通過趙莉研究員在本次論壇上的介紹，我們會有許多驚喜；但是，目前此種調查工作，更多地還是依靠個人單方面的努力（當然也離不開國外一些機構、人員的協助），還不是真正意義上的雙方有計劃、有分工、有步驟的實質性合作，其工作成效不免受到影響。「二戰」末期蘇軍在德國「截獲」的壁畫、彩塑等新疆藝術品，現在入藏俄羅斯聖彼得堡艾爾米塔什博物館，至今沒有對我們完全公開。我曾幾次提議由中、俄專家學者合作整理研究，至今尚未得到積極響應。還有一九七九年我在北庭故城遺址考察時，就聽說上世紀五〇年代初蘇聯考古隊曾對該遺址進行過發掘，運走了一批發掘品。這批文物的下落，似乎一直沒有準確的信息。另外，絲路上的絲綢，是我們研究絲路文化的物質要素。多年來，趙豐研究員和他在中國絲綢博物館、東華大學的研究團隊，四海尋訪絲綢文物，細心整理研究，取得了令世人矚目的成績。可望在此基礎上，建設一個比較完備的絲綢文物的資料庫（包括工藝、技術）。總之，掌握絲路文物流散的「家底」，是資料庫建設不可缺少的一項重要的基礎工作。在本次論壇上，我們聽到了浙江大學魯東明教授的合作團隊對新疆文物開展數字化保護的介紹，令人振奮。利用數字技術全方位記錄文物信息，不僅是對傳統的文物保護手段的突破，而且為文物的展示、研究提供了新手段與輔助性支持，為絲路文化的傳播帶來新的氣象。事實證明，這一創新性的工作，將為絲路文物的保護與研究開拓更為廣闊的前景。常書鴻先生生前曾寄厚望於浙江大學的計算機技術，期盼能夠真實復原經歲月滄桑已經褪變了的敦煌壁畫、彩塑原有的絢麗色彩。誠如有的專家所指出的，跨越了時空的「原真」

與「現真」的「無縫對接」，充滿挑戰，但也決非空想。我們欣喜地看到，常老的夢想正在實現。

　　絲路文物的保護研究，絲路文化的普及、傳播，離不開圖書出版。作為一名編輯，我也一直比較關注這方面高質量普及讀物的編著與出版工作。這類出版物如何能做到資料翔實、圖片新穎、觀點準確、文字簡潔，如何在遵循學術規範前提下實現內容與形式的創新，其中的關鍵，是堅持質量第一，社會效益至上，追求學術性與可讀性的統一。這些，都需要作者與編者的艱苦努力；具體內容，我曾在其他場合做過敘述。限於篇幅，本文就不再贅述了。

（2014 年 11 月擬稿，2015 元月完稿）

關於構建敦煌學史的若干思考

　　二十世紀初興起的「世界學術之新潮流」——敦煌學，已有百年研究歷程。儘管迄今為止還沒有一部名副其實的《敦煌學學術史》著作問世[1]，但是也已經有不少學者對此做了許多基礎資料的蒐集、整理、分析工作，做了初步的理論探討和內容設想，乃至初步的撰寫嘗試與輿論鋪墊工作[2]。值此敦煌學國際聯絡委員會在京都大學舉辦研討會之際，將筆者對於如何構建敦煌學學術史的一些粗淺思考提出來，敬請方家批評指正。

1　1992 年 10 月，北京語言學院出版社曾出版林家平、寧強、羅華慶合著的《中國敦煌學史》，梳理了自 1909 年至 1983 年的敦煌學研究資料，為撰寫敦煌學史作出了可貴的嘗試，但離開一部真正意義上的學術史著作，還有相當的距離。2005 年第 4 期《歷史研究》上刊發的榮新江《中國敦煌學研究與國際視野》一文說：「迄今為止，我們還沒有擁有一部真正意義上的敦煌學史，沒有『辨章學術，考鏡源流』的敦煌學史，更沒有『評判高下，辨別優劣』的敦煌學學術史。」

2　原西北師範大學、南京師範大學教授，現浙江大學教授劉進寶在這方面做了較多工作，請參考他的多篇論文和主編的《百年敦煌學》（甘肅人民出版社 2009 年版）及所著《敦煌學術史》（中華書局 2011 年版）兩書。

一、我對「學術史」的基本認識

「學術史」，顧名思義，亦即學術的歷史。其中心內容是論述各個時期主要學術思潮的歷史特徵。梁啟超先生在《清代學術概論》中指出：「大抵清代經學之祖推炎武，其史學之祖當推宗羲，所著《明儒學案》，中國之有『學術史』自此始也。」黃宗羲的《明儒學案》首創了「學案體」，即按照學派詳細分析並準確概括了特定時期儒學發展的歷史，是以「人」為主體敘述學術發展歷程的第一部著作。因此，據我對「學案體」的理解，結合中國及國外近現代學術史著述的實際情況，學術史應該是一門學科萌芽、形成、傳承、發展的歷史，涉及學科概念的確立與各個時期的該學科的認知範圍、理論框架、研究方法、應用例證、學派特徵、演進規律等。其中心是研究學術的人及其著述。

敦煌學學術史則應該是建立在承認「敦煌學」是一門崛起於二十世紀初「學術新潮流」的大背景下逐漸形成並獨立的學科基礎之上的。我認為，目前對敦煌學學術史的研究，至少在學科概念、理論框架、學派特徵、學案分析等方面還是比較薄弱的。這些問題，我曾經在中國社會科學院於二〇一一年四月舉行的「中國社會科學院敦煌學研究」研討會上談過粗淺的意見。如其學科概念，既包括整體概念（敦煌學、敦煌文獻學等）上的紛爭，也包括若干分支概念上的「模糊性」（敦煌文學、敦煌藝術、敦煌民俗、敦煌書法等）；其理論框架，涉及與相關學科的關聯及總體把握（如敦煌民俗與民俗學、敦煌宗教與宗教學、敦煌文物與考古學、敦煌藝術與圖像學等等）；其學派特徵，是否應該既包括其與相關國家學術界的主要學派（如日本敦煌學史與京都學派、法國敦煌學史與年鑑學派等）整體特徵的關聯和各研究者自身的治學特點、方法，也包含各個分支學科研究中涉及的學派源流、風格等？其學案分析，已經有不少成果，但早期敦煌學史涉及國內外的許多

人、事個案的研究分析仍顯蒼白，對敦煌學出版物的統理與評析研究亦顯不足。以上幾個方面的內容僅提請研究者繼續思考，本文以下各節會有涉及，不再在本節贅述。

二、必須有廣闊的「國際視野」與「文化學術背景」

鑑於敦煌學是「今日世界學術之新潮流」，其興起與發展與二十世紀後半葉的西域探險和西北考察及相關文物的流散、研究密切相關，因此，構建敦煌學學術史必須有廣闊的「國際視野」與「文化學術背景」。我這裡強調的廣闊的「國際視野」，主要是指：第一，要承認和重視敦煌文獻、文物是在一個特殊的國際、國內背景下被發掘、劫掠、流散的主客觀事實和負面影響；第二，要承認和重視國外學者在敦煌學興起與發展過程中做出的重要貢獻，尤其是日本學界在促進敦煌學形成上的顯著作用；第三，要承認和重視中國學者自覺摒棄狹隘的民族主義和增強民族自尊自強、發奮直追對敦煌學的巨大貢獻；第四，要承認和重視增進國際文化學術交流、互鑑對於積極推進敦煌學發展的關鍵性意義。

關於「文化學術背景」，我比較關注的是兩點：一，地處絲綢之路「咽喉之地」的敦煌是否如季羨林先生所述，和新疆一樣，同是世界幾大古老文明「唯一」的交匯之地，在這種文明交融的大背景下，敦煌學有著什麼樣的學術「品格」或「特質」？敦煌學與吐魯番學、西夏學、藏學、龜茲學及目前統稱為「絲綢之路學」這些新興學問之間的關係，也是應該認真研討的學術背景。二，姜亮夫先生曾在他的重要論著《敦煌──偉大的文化寶藏》中明確指出敦煌學是「在國際間享有盛名的中國學術」，我曾提出這個「中國學術」的涵義並不是狹隘、保守、排他的，而是開放、革新、兼收並蓄的。即在國外，敦煌學是「漢學」的重要組成部分；在中國，敦煌學是帶有鮮明的中外文化交匯

內容與風格的「新國學」，亦即世界性的「中國學」[3]。之所以要強調這一點，也與二十世紀初中國學術文化界吹進了一股強勁的革新之風這個背景有關。這個風氣與歐美不無關係，與明治維新以後的日本關係也甚為密切。同樣，敦煌學的興起，也大大促進了「日本中國學」的發展，使之成為日本東方學的核心內容。這裡，不免同樣關涉到日本的「東京文獻學派」與「京都學派」，它們各自的學術背景對「日本敦煌學」乃至國際敦煌學的影響與貢獻，是涇渭分明、各有千秋？還是已經互補融合、難分伯仲？這應該也是一個學界饒有興趣的論題。另如對法國的敦煌學史研究，當然離不開與法蘭西學院漢學史及伯希和學術背景的緊密關聯，亦可探究其與法國上世紀二〇年代末興起的「年鑑學派」的關係。在中國敦煌學的創始期，乾嘉考據學派的餘緒（或曰「揚棄」），「二重證據法」的倡導，西方藝術學、人類學、考古學、圖像學及比較研究等方法的引進，王國維、羅振玉、陳寅恪、陳垣等學術大師的學術成果，是否已經成為敦煌學研究中不可忽視的學術文化背景？這既關乎「國際視野」，也關乎「國學」傳承，是必須下功夫深入探究的。

三、應該有翔實、精煉的史料基礎

以利用新材料、研求新問題為重要特徵的敦煌學學術史的撰著當然離不開史料基礎，我這裡強調的是所採用資料的「翔實」與「精煉」，既需要在彙輯「資料長編」的基礎上提煉，又區別於資料長編的寫法與結構。

中國古史界的編年史著述，常常是先按年代次序編纂相關的史料「長編」。所謂「長編」，應不僅僅是指史料內容篇幅的增加（長），也

3　請參見拙著《敦煌學與敦煌文化》，上海古籍出版社 2007 年版，第 273-274 頁。

包括所採納資料範圍的拓展（寬），以便於寫史者選擇、提煉、加工。如前所述，今天的敦煌學學術史著作，鑒於其跨學科、綜合性、國際性特徵，既有別於通常的編年史、通史、國別史，也應該區別於其他學科的專門史；不但需要參照中國學術史著述「學案體」的基本框架，也應該借鑑外國學術史著作的通則。因此，更需要在中外史料長編的基礎上做準確、細緻的輯錄、翻譯[4]、辨識工作。

敦煌學作為一門因敦煌藏經洞文獻和石窟藝術品流散海內外而興起的國際性學問，我們必須充分認識到在相關材料的搜集、辨識、整理方面還有許多艱巨的工作要做，以保證對其整體把握的科學性和掌握細枝末節的準確性。例如上世紀初藏經洞文獻和石窟藝術品幾次大的流散的翔實過程，儘管相關著述不勝枚舉，卻至今未能有一個公認準確、詳密的情況報告[5]。如俄國奧登堡考察隊、日本大谷探險隊所獲敦煌寫本的真實途徑，美國華爾納盜取敦煌壁畫、彩塑的準確數量，藏經洞劫餘寫本在運送北京途中以及到北京後被一些人割盜及作偽的實情，現在刊布的敦煌文獻中究竟有多少非莫高窟藏經洞所出（乃至非敦煌所出）者，又有多少偽卷贗品，凡此等等，這都需要在加強國際合作和深入調查分析的基礎上有一個基本精確的統計，方能保證史料的可靠性。

學術史著作的撰寫，還應該防止過多材料的羅列與堆砌，而必須經過作者的精心提煉與消化，方能達到鄭板橋所提倡的「刪繁就簡三

4　尤其是國外相關史料、論著的翻譯，鑒於翻譯者的外文水平、專業知識等侷限，會造成諸多歧義，影響其準確性與可靠程度。

5　例如敦煌藏經洞地面結構，張宗祥撰於20世紀20年代之《鐵如意館隨筆》記曰：「敦煌石室，在甘肅敦煌縣。室甚穹，地下鋪鵝卵石子，厚一二尺。有友人知縣事者游之，為道如此。歸裝載石子甚富，蓋亦好事者。予丐其一，歸予敦煌片羽之匣。」如果真如此，則盜寶者曾掘地尋寶的可能性即不能排除。

秋樹，領異標新二月花」的境界。這裡除了對所擁有材料的把握、取捨與寫作技巧問題（中國古人所謂史才、史裁、史筆）外，也關係到對區別於史料長編的學術史著作性質的認識，涉及作者的「史識」。學術大師錢穆先生早就在其名著《國史大綱》的「引論」中指出「歷史智識」與「歷史材料」之關聯與不同，「材料累積而愈多，智識則與時以俱新。歷史智識，隨時變遷，應與當身現代種種問題，有親切之聯絡。歷史智識，貴能鑑古而知今。」[6]累積材料，可謂「愚公之舉」；鑑古知今，乃是「智者之功」。其辯證關係，不可忽視。

四、需要有通達的「史識」與理論建樹

我的理解，「史識」是史學著作的「靈魂」，亦即著作者的「匠心」所在，取決於他的思想廣度、高度、深度，這也決定了其著述的理論建樹。

對國際敦煌學史的認識，當然離不開研究者的歷史觀，涉及歷史唯物主義與辯證法的基本原則如何在敦煌學史研究中的正確運用。據筆者拙見，似至少可注重對以下幾個具體問題的認識：（1）敦煌文化的特性與多元化色彩及其形成、發展的人文環境；（2）敦煌學的學術源流、內涵、外延、品格及其與其他一些學科的關係；（3）敦煌莫高窟藏經洞的性質及敦煌文物、文獻被劫掠流散的正、負面效應，包括其流散的偶然性、必然性及對其中一些人與事的評價；（4）敦煌文物保護與文化普及、研究的關係；（5）敦煌學研究著作的分析、評價；（6）敦煌學形成、發展進程中的國際文化交流、合作、互鑑；（7）中、日、法、英、俄等各國敦煌學研究的歷程、特色與貢獻；（8）敦煌文化遺產的當代傳承與開發、利用。

6　錢穆《〈國史大綱〉前言及引論》，見《百年求是叢書・學術浙大》，浙江大學出版社2007年版，第58頁。

　　對以上問題的認識，有著作者的己見似乎不難，但是個人的見識能否建立在紮實可信的資料基礎之上，能否客觀、公正、合理、科學，取得學界共識則非易事；而要有創見，有理論建樹，更是需要下一番功夫，需要敦煌學界同道的齊心協力。例如對莫高窟藏經洞藏品時限、封閉原因的認識，至今眾說紛紜，莫衷一是，其中既有對相關材料辨識的準確與否，也有對時代背景認識與分析上的差異。堅持「避難說」者，須合理解釋西夏軍隊占領敦煌前後的行為與其宗教信仰的關係；主張「廢棄說」者，須合理解釋藏經洞中眾多不該廢棄的珍貴文物（如長安頒發的標準佛經寫卷、精美絹畫及唐太宗《溫泉銘》搨本等）為何存在。現在通常都斷言藏經洞所藏為西元四至十一世紀的寫本、刻本文獻，但李盛鐸賣給日本的四百多件敦煌寫本中有題署為西晉元康八年（298）的索紞《三國志·諸葛亮傳》寫本[7]和吳建衡二年（270）索紞《道德經》抄本[8]，而且前者最近又居然出現在保利香港國際拍賣公司的拍品圖錄之中，且與日本杏雨書屋所藏者混為一談[9]，這又涉及李氏所藏所售品孰真孰偽的問題，既牽涉到對藏經洞性質的認識，也關乎敦煌文物流散過程的許多事實（包括多次流散、作偽），關乎研究對象的真偽問題，當然是研究敦煌學史不能迴避或模棱兩可的問題。歸根結蒂，「史識」和理論建樹還必須建立在真實史料（事）與科學思辨（理）的基礎之上，而非背離事理去「獨出心裁」。我這裡強

7　該索紞寫本及其他李氏敦煌藏品之真偽，請參見陳國燦《對赤井南明堂藏二敦煌寫卷的鑑定》一文，《敦煌學輯刊》1994 年第 2 期；余欣《浙敦 065 文書偽卷考──兼論敦煌文書的辨偽問題》，《敦煌研究》2002 年第 3 期。

8　關於該索紞《道德經》寫本的真偽問題，饒宗頤、池田溫、榮新江、王素等有多篇文章討論，可參考。

9　這兩個寫本均不應在杏雨書屋藏品中。據王素先生告知，索紞抄本原藏香港，後為美國普林斯頓博物館購得入藏。未知為何保利香港拍品圖錄將其與杏雨書屋藏品混為一談。

調的「通達」，即是指不僅對事理闡述要通暢無礙，符合思辨的規律與邏輯，而且需要分析得鞭辟入裡、透澈服人，達到融會貫通的程度。

五、必須遵循學術規範、追求學術創新

上面所談，其實又涉及學術規範與創新這個古老而又時新的話題。中國先秦及漢代典籍裡即有不少對「規」與「矩」、「範」的論述，如《禮記・王藻》：「周還中規，折還中矩。」《莊子・馬蹄篇》：「圓者中規，方折中矩。」《漢書・律歷志》：「衡運生規，規圓生矩。」《淮南子・時則訓》：「規者所以圓萬物也。」「以法正人曰規。」吐魯番古墓葬中出土的絹、麻畫及中原出土的畫像磚、石的圖像上，女媧手執規、伏羲手執矩，表明中國創世神話傳說中的伏羲、女媧即是「規矩」的制定、執行者。至於「範」，《周易・繫辭上》曰：「範圍天地之化而不過。」《禮記・禮運》：「范金合土，以為臺榭宮室牖戶。」（疏：「范金者，謂為形範以鑄金器。」）從制約器物型制又引申為規定行為準則，故漢代揚雄將「範」與「矩」歸納為決定事物成敗的「法度」（其《太玄經・瑩》：「矩范之動，成敗之效也。」注：「范，法也。」）[10]可見，「規範」應該是人為制定的用以約束和示範人的行為而又符合自然、社會發展規律的準則、法式、樣本、章程等等。學術著作的規範，當然也應該是一定時期學界同人認同需要遵守的一些基本樣式與標準，應該符合學術傳承發展的要求與規律。如徵引資料的準確性、可靠性（包括版本依據的完整性），引用他人成果須說明來源，採用圖版亦須注明拍攝者、收藏地或引用出處，使用人名、地名、書名、譯名等專有名稱需通用、統一，編撰專名索引等等。至於敦煌學學術史著作的規範，又有其若干特殊性。例如各國、各機構所藏敦煌文獻的

---

10 至於「規範」合用，時代稍晚，似初見於晉代陸雲《答兄平原贈詩》：「今我頑鄙，規範靡遵。」

通行與最新編號、著錄、索引，收藏地名稱，莫高窟洞窟各家編號的
準確對照，敦煌壁畫、彩塑、寫本的定名與年代，敦煌學出版物（書
與著者、編者、譯者）的名稱，等等，凡國際敦煌學界有一致結論或
約定俗成的，均應遵守。有變化或不同意見的，則應說明緣由（如藏
經洞發現者王道士的姓名、身分；如「敦煌學」名稱之濫觴[11]；如敦煌
研究院的變遷史、中國敦煌吐魯番學會創建情形；如俄羅斯聖彼得堡
東方文獻研究所的所名由來等）。這既是學術研究的規範，也是文化普
及的需要。就藏經洞所出文獻的整理研究而言，屬於古文獻學和中古
漢語、藏文、西域等文字研究的範疇，當然還必須遵循這些學科的研
究規範。其漢文文本，鑒於許多寫本的書寫方式、字跡的複雜情況與
殘損程度，為釋讀其文字內容帶來不少困難；但是客觀、準確、科學
釋讀卻必須成為敦煌學研究中的重要規範。這裡需要有目錄學、版本
學、校勘學、文字音韻學等紮實的知識基礎與文化素養，才能保證所
用材料的真實、準確、齊備。除歷史學、文學、語言學、藝術學等學
科外，敦煌學研究還涉及考古學、社會學、民族學、民俗學、信息
學、統計學等等學科，在歸納與提煉研究者的研究方法與成果概況
時，還應該注意他們對這些學科一些基本概念的把握程度。例如上世
紀初王國維先生所提倡的「二重證據法」，在敦煌研究裡多有運用，但
此方法的核心是強調新發現材料（文物、文獻）與傳世典籍之印證；
且這種材料之互證是高度契合、啟人心智的，並非勉強類比和攀比。
何況王國維在敦煌學研究中，遠不止僅使用「二重證據」，而是倡導
「多重證據」的綜合運用（文獻、實物、傳說、實驗、心證、田野調查
等等）。我認為，學術史著作在總結學術研究成果時，應該有研究方法

11　浙江大學人文學院秦樺林的《「敦煌學」一詞的術語化過程》一文對此提出了新的分
　　析見解。詳見《敦煌研究》2014年第6期。

的分析。我注重的是源流研究、比較研究與特質研究。所謂「源流研究」，即是追根溯源，回歸各學科的文（本）史（源）研究；所謂「比較研究」，即不僅類比異同，分析相互影響，而且要有跨學科的觸類旁通（圖像、數字、類型等等）；所謂「特質研究」，即是抓住本質特徵與個性特色的提煉式研究，亦即通過對大文化背景與小環境下個別事件、特色作品的分析，進行縱橫比較，合理推論，得出本質特徵或規律性、普遍性結論的研究。

如前所述，一部好的學術史著作，還應該講究敘述語言的簡明、通暢、生動（信、達、雅），論證文字的明白、明晰、明確（有理有據），處理好形象思維（具象）與邏輯思辨（抽象）的關係。這似乎也應該屬於學術規範的要求。

遵循規範是學術創新的前提。我們提倡在尊重前人的學術成果積累的基礎上進行創造性的學術思考，亦即規範地採用新、舊材料，更新觀念，拓寬視角，提出問題，綜合運用各種方法，得出有新意、有啟示的合乎規律的自己的結論。所以說，規範是創新的基礎與必要條件，創新是規範意義上的要求與目標，又是補充與發展規範的新條件、新基礎。百年來，敦煌學研究的「創新性成果」層出不窮，對這些成果進行瞻前顧後、客觀求是的評述，應該是敦煌學學術史著作的重要內容。例如在「敦煌文學」研究中，對「變文」在中國文學史（小說史、說唱文學史、戲劇史）上的流變與地位，對「敦煌曲子詞」在詞的起源、與文人詞和民間歌辭及「佛曲」的關係及其在「詩詞發展史」上的影響，相關論著何止成百上千，許多頗具新意，但又是眾說紛紜、莫衷一是。學術史著作的作者應該力求根據學術發展的客觀規律與要求，用規範與創新辯證統一的尺度，對它們做一番適當的考評與裁量。在敦煌學研究中，這樣的情況還相當普遍，是撰寫敦煌學學術史不應回避的。

六、應該構建清晰、合理的框架結構

敦煌學學術史著作的框架結構，當然會因撰著人的思路、學養、技巧、習慣而異，並非有統一的規定格式，但最基本的要求應該是清晰、合理。

「學案體」學術史著作是以學派源流、人物著述及相關實例的條述評論為基本結構框架的，這可以作為撰寫敦煌學學術史的借鑑。但是，敦煌學的學術視野及發展歷程，與中國歷朝經史之學有很大的區別，不僅涉及敦煌文物流散與東西各國的文化背景，涉及一些主要的研究機構及敦煌文物收藏地，涉及研究者各自的學術淵源，而且關乎多學科的綜合交叉，關乎豐富複雜的中外文資料，要做到結構清晰並非易事。我建議是否可列上、下兩編。上編縱述敦煌文化概論（亦即分析敦煌學的文化背景）、敦煌文物流散史、有關各國敦煌學研究史；下編橫敘敦煌學各重要分支、研究機構、研究者的主要成果與特色。其實還是要以「人」與「書」為主線，注重學科、學派背景，相關學術會議可穿插其中或附表介紹，述論相間，敘評結合，條縷析分，脈絡分明，方能使之面貌清晰。

框架結構的合理性，主要應體現在通過對「世界學術之新潮流」的敦煌學發展歷程的總體把握和高度概括，在對紛繁複雜的「學術個案」及大量相關材料的精當取捨的基礎上，做合乎學科發展規律與邏輯思辨的框架設計。筆者以為，學術史著作的價值，不應以「鴻篇巨製」為目標，而應該在提煉史實的基礎上，有明確的理論探析，有適當的「經驗批判」，提出「現實性」、「前瞻性」思考。

以上這些，只是我很不成熟的初步想法，說起來容易，真正做到頗難，不僅需要在敦煌學國際聯絡委員會的協調與指導下，敦煌學界同仁的齊心協力，更需要撰寫者以埋頭苦幹、開拓創新的精神付出艱

巨的努力。我衷心期盼在不久的將來，能有不止一部精彩的敦煌學學術史著作問世！

（2014 年 12 月 16 日完稿，2015 年 7 月 26 日改定於北京大興黃村翰林庭院寓所）

（本文是 2015 年 Kyoto 敦煌學國際學術研討會提交的論文）

關於「絲綢之路經濟帶」與吐魯番學的一點思考

「絲綢之路經濟帶」是中國新一代領導集體在國際、國內新形勢下提出的偉大戰略構想。二〇一三年九月七日，習近平主席在哈薩克斯坦納扎爾巴耶夫大學的演講中提出：為了使歐亞各國經濟連繫更加緊密、相互合作更加深入、發展空間更加廣闊，可以用創新的合作模式，共同建設「絲綢之路經濟帶」，造福各國人民。隨著「絲綢之路」的成功申遺，「絲綢之路經濟帶」與文化遺產保護、研究、開發、利用及文化學術交流的密切關係已經越來越清晰地呈現在我們面前；它和吐魯番學研究的緊密關聯也應越來越為學界認同。

眾所周知，開拓於中國漢代的絲綢之路，從隋唐時期基本穩定了南、北、中三道起，吐魯番就已經成為古代絲綢之路的重要「門戶」。實際上，在相當長的歷史階段，吐魯番作為一個因經濟貿易、文化交流而興盛的多民族聚居地區，其文化的豐富多彩，在多元一體的中華傳統文化的形成、發展過程中產生了重要作用。「吐魯番學」的研究對象，主要就是以吐魯番地區為中心並輻射到整個西域地區的文化遺存

與文明傳承。

與「世界學術之新潮流」敦煌學相同，吐魯番學的形成與發展，也與十九世紀後半期東、西方各國探險家、考察團對中國西北地區的探查活動密切相關。應該說，從十九世紀後半期到二十世紀初，和田、樓蘭、庫車、吐魯番等地，比敦煌地區更早地吸引了更多東西方列強的關注。其負面效應是眾多古蹟遺址被盜掘，大量珍貴文物被劫掠至境外；其正面效應是一門國際性的新學問「吐魯番學」由此興起，吐魯番對新疆經濟開發、文化振興、學術研究的重要性成為中國各界有識之士的共識，尤其是二十世紀三、四〇年代「西北科學考查團」的工作，為在新的歷史階段運用新的合作模式進行學術研究和文化交流展示了前景。

中國學者，尤其是長期在新疆地區生活和工作的各族學者，在以文物保護與資料蒐集整理為基礎的吐魯番學的研究中付出了艱辛的努力，取得了很大的成績。在新形勢下，如何進一步拓展視野，更新方法，挖掘資料，梳理信息，開創研究新局面，便成為擺在學者專家面前的首要任務。在此，僅就我本人的初步思考，提出一些粗淺的認識，以就教於學術同道。

一、觀念、視野與研究方法問題

吐魯番學是否是一門國際性的學問，它與敦煌學的有機關聯，答案尚不明確。一九八三年成立中國敦煌吐魯番學會之際，學界對這個問題就有不同的認識。有的學者就認為吐魯番學屬於「西域學」的範疇，和位於玉門關、陽關之內的敦煌屬於不同的地域文化，不應「捏合」在一起；至於它與「絲路學」、龜茲學、于闐學乃至「國學」的關聯，亦罕有周密分析。其關鍵所在，還是沒有用絲綢之路這條貫通歐亞的大動脈，首先將中國境內的敦煌、高昌、伊吾、龜茲、樓蘭、和

田和長安、洛陽等璀璨的「文化明珠」串通一氣；沒有對絲綢之路上文化大交融的過程與結果進行科學、細緻的分析研究。中國晉唐時期的吐魯番地區，與敦煌一樣，既是一個進行國際經濟貿易的集散地，也是一個幾大古老文明（包括多種宗教）交匯的重鎮。進行吐魯番學研究，應該更新觀念，拓展視野，充分彰顯吐魯番的地域特點和優勢。鑒於吐魯番地區的文化遺存特別豐富，不僅因為氣候、地理環境的特點地下文物保存條件較好，而且明顯體現出文化交融、互補互鑑的特色，因此，如何改進研究方法，運用文物考古學、社會學、人類學、民族學、宗教學、語言學、文獻學、圖像學等學科知識進行比較、分析，綜合探究，也成為擺在我們面前的重要課題。與敦煌研究一樣，對吐魯番地區的文化遺存，也應該進行系統的源流研究、特質研究與比較研究，而且，這三方面的研究是相輔相成的。吐魯番既然是文明交匯的「門戶」，我們自然應當將研究視野拓展到絲路西段的古波斯、希臘、羅馬和埃及文明，延伸至以漢字文化圈為主的東北亞文化。例如吐魯番地區出土了大量的各種材質載體的伏羲女媧圖像，它們與先秦神話、民間傳說、楚辭、漢畫像磚石以及唐代祭祀禮儀、習俗等等的關係，應該有比較系統綜合的研究。

二、信息資料的系統化與科學整理分析問題

中國敦煌吐魯番學會建立伊始，就著手委託一位副秘書長在新疆籌建吐魯番學資料中心，並給予了資金支持。遺憾的是，該中心在烏魯木齊一直未能建成；而在吐魯番地區文物局、吐魯番學會、吐魯番學研究院各位同仁的努力之下，目前設在吐魯番的資料中心已經初具規模。但是，我們還必須認識到，相比較於北京、蘭州的兩個資料中心，吐魯番學資料中心的建設在豐富性、系統化與特色化上還亟待加強。一百多年來已經出土面世的吐魯番文物還比較分散，除入藏吐魯

番地區的文物應該有完整、系統、科學的統一編目外，散藏於國內外其他博物館與研究機構的，在無法盡快實現其「回歸故土」之前，也應想方設法蒐集其信息資料。例如黃文弼先生在《吐魯番考古記》中列舉的西北科學考查團所獲文物資料，有許多被分藏於「秘閣」，有些則不知下落；如當年德國人劫掠的伯孜克里克、吐峪溝等千佛洞的壁畫，除毀於二戰戰火外，已知有不少藏在柏林、聖彼得堡的博物館（這幾年龜茲研究院已經做了大量的調查、蒐集工作）。如此等等，都應該下大力氣去蒐集、整理。流失的文物圖像、文獻資料的搜尋、整理工作，關係到吐魯番學研究的實質性進展，不可忽視。我們還必須重視吐魯番所出少數民族文獻資料的整理、分析工作，尤其要關注其中雙語、多語文獻的釋讀、比照工作，一定要培養掌握少數民族古文字的專家學者和相應的計算機系統開發人才來直接參與吐魯番學資料庫的建設工作，這關係到它的完整性與特色化。

三、我們需要一部翔實、科學、簡明的《吐魯番通史》與一部兼有學術性、可讀性的《吐魯番地域文化通覽》

多年來，有關吐魯番歷史文化的學術論著數以百千計，其中多數為對吐魯番出土文物的介紹、探究，對出土文書的整理研究（包括文書編年），也有如《高昌史稿》這樣的優秀的斷代史著作，當然也不乏一些普及讀物。這些都是很有學術與文化傳播價值的。但是，我們還缺乏研究吐魯番歷史文化的通史性論著。今年新出版了楊富學、陳學鋒合著的《吐魯番宗教史》，這是令人鼓舞的好開端。十年前，陳國燦教授在為吐魯番地委組織專家學者編撰的《吐魯番史》的《前言》中指出：「進入新世紀後，全面系統地闡明並編撰《吐魯番史》的條件已經成熟。在此之前，雖然已有一些著作先行涉及到吐魯番的歷史文化，但畢竟各有其側重點，或過於簡略，或過於專深，或專重於文書

編年，或流於傳聞故事。因此，編寫一部詳略適度，既有學術內涵，又能雅俗共賞的符合吐魯番歷史實際的著作，就顯得十分必要了。從這個角度出發，《吐魯番史》的編撰應該是一件非常有意義的事情。」從該書所設的八章目錄看（詳見「吐魯番學研究院網站」所刊），各歷史階段的每章均設有論述該時期吐魯番地區宗教、文化、藝術的專節，但恕我淺陋，因為至今我還沒有讀到這部《吐魯番史》的具體內容，這些方面的文字恐怕占據的比例較小；而且全書是否實現了陳國燦教授提出的「詳略適度，既有學術內涵，又能雅俗共賞」的要求還不清楚。近幾年來，我參加由中央文史館立項統領、各省區文史館具體組織編撰的《中國地域文化通覽》的審讀工作，其中「新疆卷」已於近期正式出版。作為縱述文化發展歷史、橫敘特色文化的通覽性著作，其中心內容是「文化」，當然也必然涉及政治、經濟、軍事等方面。遺憾的是，就我多次參加審讀、討論，最後讀到的定稿來看，其中關涉吐魯番地區的內容較少（如其中涉及吐魯番地區的插圖僅占全部圖版的十分之一），很難概覽吐魯番的歷史文化。自從自治區一九六五年開始組織學者編撰《新疆簡史》至今，已經過去了近半個世紀；《新疆通史》的編撰工作也已進行多年，但似乎進展並不快。因此，我建議不妨由吐魯番學研究院牽頭，先編纂一冊能充分體現地域文化特色的《吐魯番地域文化通覽》（或「概覽」）。在此基礎上，繼續做好《吐魯番史》的編撰工作。

四、研究宗旨與加強國內外學術交流的問題

二〇一四年三月二十八日，習近平主席在聯合國教科文組織總部的演講中精闢地指出：「文明因交流而多彩，文明因互鑑而豐富。文明交流互鑑，是推動人類文明進步和世界和平發展的重要動力。」「推動文明交流互鑑，需要秉持正確的態度和原則。」即堅持文明的多彩、平

等和包容。毫無疑問，這也應該成為我們吐魯番學研究應予遵循的宗旨。吐魯番地區文化遺存所呈現的多彩多元，是一個有目共睹的客觀事實。從石器時代到近代，在這個地區生活和經由此地西往東來的各族先民，都或先或後、或多或少地為吐魯番地區的文明建設做出了各自的貢獻，都添加了不可或缺的濃墨重彩，形成了「吐魯番特色」。一條波瀾壯闊、源遠流長的歷史長河，是由無數條幹流、支流（包括潛流、逆流）匯聚而成的，融會貫通成為奔騰不息的前進主流。今天我們回顧歷史文化的發展進程，研究其方方面面，應該以平等精神和包容心態來取其精髓、棄其渣粕。前引習主席的講話中強調：「文明交流互鑑不應該以獨尊某一種文明或者貶損某一種文明為前提。」「各種人類文明在價值上是平等的，都各有千秋，也各有不足。世界上不存在十全十美的文明，也不存在一無是處的文明，文明沒有高低、優劣之分。」在新的歷史時期，「經濟一體化」與文化的多元化是人類文明發展相依共存的總趨勢。「歐洲文化中心論」、某國文化價值觀為標準、大國沙文主義和狹隘的民族主義等等，都應為我們所棄。

在吐魯番學的研究中，我們同樣應該運用「創新合作」的模式來加強與國內外研究機構與個人的學術交流。這種交流，包括人才交流、信息公開、資料互補、項目合作、成果分享。這方面吐魯番研究院已經做了不少努力，但還應大力加強，需要制訂具體計劃，有長遠眼光、有政府支持。我建議除了定期或不定期舉辦國際或國內學術研討會外，吐魯番學研究院應該將學術交流列為重要的日常工作任務，特別要主動和國內外其他學術機構進行密切連繫與洽商，建立合作機制。如國內與龜茲研究院、龜茲學會，與敦煌研究院、國家博物館、中國人民大學國學院、中央民族大學等，國外與德國的幾家博物館和研究機構、俄羅斯艾米爾塔什博物館及東方文獻研究所等。同時，也

要充分發揮專家委員會的作用，做到「召之即來，來之能戰」，不贊成「揮之即去，徒有虛名」。最近，中國敦煌吐魯番學會「絲綢之路專業委員會」在西安成立，目的也是為了依託「絲綢之路經濟帶」這個大背景，立足敦煌吐魯番學會這個大平臺，來推進相關研究。我也建議吐魯番研究院要有學者來參加這個專業委員會，參與撰寫「絲綢之路學系列叢書」，加強實質性的合作。

　　上述幾點思考與設想，不當之處，敬請批評指正。

（2014 年 9 月初於北京）

關於日藏敦煌寫本整理研究的幾點淺見

　　日本是中國域外珍藏漢文古寫本最為豐富的國家，因此天津師範大學國際中國文學研究中心為「日本漢文古寫本整理與研究」立項開題並舉辦本次論壇，具有重要意義。鑒於日藏敦煌寫本的某些特殊性，僅就這些寫本的整理研究提出如下淺見以求教於與會專家。

　　一、近些年隨著東京書道博物館原中村不折藏品與大阪杏雨書屋藏品的刊布，日藏敦煌寫本的整理研究成為國際敦煌學研究的一個新熱點，值得肯定。但日藏敦煌寫本除了公、私藏家比較分散、來源相對複雜外（有的私家收藏還秘而不宣），偽卷贗品的問題相對突出（尤其是原李盛鐸藏品）。因此，辨析的任務依然不可忽視。（舉去年香港保利秋拍的西元三世紀索紞《三國志・蜀志・諸葛亮傳》寫本和龍谷大學博物館展出的《金光明最勝王經》寫卷為例）需弄清其來源、流轉過程，並從紙張、字跡、內容、年代、綴合、題跋等多方面綜合判斷（據我所知，敦煌研究院藏唐代寫本中也夾有日本藤原氏皇后的寫經）；須與「商業利益」劃清界限。有些贗品在整理刊布中可借鑑《臺東區立博物館藏中村不折舊藏禹域墨書集成》所採取的附列供參考比

照方式。

　　二、日藏敦煌寫本的個案研究應該與他處所藏敦煌寫本結合起來進行整理研究。目前世界各大收藏地的敦煌寫本已基本刊布，因此必須有大背景下的總體概念，即宏觀認識。尤其是寫本殘片的綴合、關聯至關重要，前人的研究成果不可忽視，新材料的刊布亦提供了新課題，如錢鍾書先生在一九九〇年曾對我講起日藏的敦煌《黃仕強傳》寫本；又如最近國家圖書館薩仁高娃研究員對中村不折舊藏寫卷（《集成》上卷第 16 號）的吐蕃文寫本《太公家教》的整理研究——漢文寫本與其他民族文字寫本的比較研究同樣至關重要；另如杏雨書屋所藏「羽 019R-1」的內容是《莊子・讓王篇》第五節「顏闔」的一部分，據研究者認定與法國國家圖書館所藏 P.4988 號殘卷恰能拼接，而「羽 57R」《秦婦吟》寫本殘片在綴合全詩上有著重要意義（均見《敦煌秘籍》第一冊）；再如原京都大學「內藤文庫」與關西大學「內藤文庫」的關聯問題同樣涉及早期日本學者對敦煌寫本的尋訪、編目工作。

　　三、敦煌寫本是中國晉唐五代宋初時期的「俗字寶庫」，其中的大量俗書字在俗字流行史上扮演了承前啟後的關鍵角色，也往往成為釋讀、整理、研究的「攔路虎」。因此，在關涉文學、歷史、宗教、藝術各具體的課題研究中，必須重視與運用已有的敦煌俗字研究成果，使之成為敦煌漢文文書整理的必備知識，這也將會大有助於敦煌寫本以外的漢文古文書的整理、研究，否則就會出現差錯。（如《敦煌學輯刊》上一篇研究敦煌「刺史書儀」（P.3449、P.3864）中《俵錢去處》文范的論文，將已流行了一千多年的「錢」字的俗寫誤認為「分」字，遂成硬傷）另外，我們看到，敦煌寫本中有一些吐蕃人在學習漢文過程中抄寫的文字，頗多俗訛，成為釋讀障礙。據我臆測，如果是日本及其他東亞國家學人抄寫的漢文古寫本，應該也會有各自書寫習慣與特色

的「俗字」，能否探求出一些帶地域性、時代特徵的規律（如有研究者曾提及日本漢字「国」、「仏」等與中國俗字的關係），似亦應引起關注。

　　四、東亞各國保存的中國漢文古寫本及這些國家學人著述抄寫的漢文寫本的整理研究，與整理研究中國敦煌、吐魯番、黑水城文書相關的問題甚多，其中涉及引用中國古代典籍的輯佚、比勘至關重要，需特別予以重視。如日本西野貞治教授於一九五八年曾發表《光明皇后手書〈杜家立成雜書要略〉》一文，述及與敦煌書儀寫本的關係[1]。中國張伯偉教授曾在「東亞文化交流與經典詮釋」國際學術研討會上發表論文，述及日本江戶時代僧人廓門貫徹的《注石門文字禪》中引用了中國經史子集四部書多達三〇二種，其校勘價值自不待言。又如我注意到在中日學者聯合編錄的《譯准開口新語》等六種日本漢文笑話集中，既顯示出受到中國傳世典籍與笑話集（如《笑林》、《笑林廣記》、《笑府》、《笑贊》等）的影響，亦反映出日本社會的時代風貌與日本作者的創作手法。再如二〇〇二年在韓國慶州發現的元刊本《至正條格》這部佚書的殘卷，其所存條格、斷例共八百條，而中國考古工作者在黑水城所發現的同書殘卷，所存條格僅十六條，實難與之比肩。中國研究敦煌俗文學的張鴻勳教授是較早對敦煌寫本與日本漢文作品進行比較研究且卓有成效的專家，他的若干篇論文頗富啟示作用[2]。近年來，中國復旦大學余欣教授從對日本尊經閣本《天地瑞祥志》的調查聯想到敦煌本《占云氣書》、《瑞應圖》、《白澤精怪圖》等，日本京都大學藤井律之助教則對宋版以前的《淮南子》日本古寫本與日藏吐魯番寫本殘片做了比較分析，均多有心得。

1　啟功先生曾在《堅淨居隨筆》中對《杜家立成雜書要略》有詳細考論，見《學林漫錄》第十集，中華書局 1985 年版，第 28-33 頁。

2　請參見其《跨文化視野下的敦煌俗文學》一書，上海古籍出版社 2014 年版。

　　五、需要加強各國學者的實質性合作來進行此項工作。敦煌寫本研究涉及的學科多、知識面廣，相對於歐美學者，中、日學者在漢文化修養上占有優勢，而日本學者在敦煌的宗教、少數民族語言文字、藝術等研究領域起步早，與西方學者交流廣，均值得中國學者學習借鑑。我們提倡各國學者的交流互鑑，尤其期盼在漢文古寫本的大項目裡能進行實質性的合作：即做到課題的共同參與，人員與任務的具體分工，經費的分別或聯合申請使用，資源與成果的合理共享等等。而且這不僅是指中、日學者之間，還應該吸收別國學者的參與，並爭取到敦煌寫本各大收藏機構、研究單位（如大英圖書館國際敦煌項目IDP、聖彼得堡俄羅斯科學院東方文獻研究所、莫斯科俄羅斯國立圖書館等）的全力支持。最近獲悉，以敦煌學國際聯絡委員會幹事長、京都大學高田時雄教授為研究代表者的日本學術振興會の科學研究費助成金基盤研究（A）「中國典籍日本古寫本の研究」進展順利，《中國典籍日本古寫本の研究》的創刊號刊登了日、中學者調查東京國立博物館所藏漢籍的初步成果。私以為日本此項目和今天開題的項目應該是可以交流互鑑與相互積極推進的。

（2015 年 2-3 月）

　　（本文是筆者在天津師範大學舉辦的「日本漢文古寫本整理與研究」開題暨首屆漢文古寫本論壇上的發言提綱）

野馬倏忽掃塵埃
──《野馬，塵埃》代序

　　承蒙馮玉雷先生眷顧，得以先睹他的百萬字長篇新作《野馬，塵埃》。因種種原因，多年來我極少閱讀現當代的長篇小説；但是這部長篇主要取材於敦煌藏經洞、吐魯番等地出土的文獻資料與相關歷史典籍，作為一部歷時七年創作的以絲綢之路文化為題材的重要文學作品，當然會引起我的興趣。然而，作者精心設計的獨具匠心的篇章結構，時空交織的敘事方式，歷史大背景下真實人物與虛擬場景、奇幻心理的描述，乃至紛繁交錯的矛盾糾葛，廣闊而豐富的社會生活畫面，還有當代網絡語言的穿插使用，使閱讀習慣單一、對現當代小説創作所知甚少，又脱離「時尚」的我讀得相當艱巨。因此，當作者囑我為之撰寫書序之時，竟不知該如何下筆。好在我對敦煌的歷史文化尚略有所知，對作者多年來從事絲綢之路文化研究的意圖也比較清楚，欽羨、惶惑之餘，談些心得，聊充「代序」，請玉雷及廣大讀者批評指正。

　　中國的敦煌與西域地區，是世界上幾大古老文明集中（或曰唯一）

的交匯之地。而文明的交融，往往伴隨著人口遷徙、經貿往來、政治爭鬥、宗教傳播、戰爭較量而進行，成為人類社會生活不可或缺的部分；因此，文明的交流與互鑑也成為推動歷史進步的強大動力。可以說，自古以來，中國敦煌與西域地區的文明交匯，無論對中國各民族文化的發展、變革、繁榮，還是對域外各國各民族文化的發展、變革、繁榮，都有著不可忽視的意義。文明交匯，正是小說《野馬，塵埃》的主題。

「野馬，塵埃」之說，當源自中國先秦名著《莊子》中的「逍遙游」篇：「野馬也，塵埃也，生物之以息相吹也。」後世注釋家對此有種種解讀，其中最能給我們以啟發的是「四生雜沓，萬物參差」「率性而動，稟之造化」這十六個字，因為道出了人類的社會生活與自然環境之間的本質連繫。當然，小說作者應該還有更深層的用意。據史籍記載，敦煌的渥窪池是出天馬之地。儘管這裡帶有濃烈的民間傳說色彩，卻印證了西漢王朝西求天馬這一個追求文明交流的歷史事實。我以為這部小說裡的「野馬」是帶有明顯的象徵意義和蘊含著豐富的文化內涵的（請注意其「青木部・金牛座卷」中對「野馬」一詞的多種注釋）。小說從頭至尾散發出「野性」和「神祕色彩」——如果我們能細細品味兩千多年前孔子所言「禮失而求諸野」，那麼對「野」的內涵，當有一番新的感受。主人公尚修羅出生之時，便能用西域地區流行的多種民族語言，滔滔不絕地講述如夢如幻的神祕故事（統名《寧布桑瓦》，亦稱「野馬」），使人們感覺到如同降生了一匹不同尋常的充滿野性的天馬。誠如小說中言：「《寧布桑瓦》多處文字如野馬狂奔，塵埃飛揚，荒誕不經，類於《山海經》《占夢書》，時見謬悠之說，荒唐之言。當然，其中也不乏崢嶸高論、浩蕩奇言，且最大程度體現客觀真實。」看似天馬行空，光怪陸離，卻在紛繁的故事情節中開啟了

那個特殊的歷史時期文明交匯的大幕。

文明交匯的主體是「人」，是在大的歷史人文背景下社會生活中的各色人等。請注意作者自撰的小說「引言」裡的一段話：

小說以安史之亂前後的中國唐朝為歷史大背景，以青藏高原、西域大地、河西走廊、中原地區為人物活動大舞臺，以人文關懷視角審視在社會動盪時期人們心理受到重創後痛苦的生活狀態，以多種藝術手法表現社會各階層、各民族人們在動盪歲月中的尷尬歷程，及追求真善美的執著決心。

小說描述的盛中唐之際正是中國歷史上最敞開胸懷進行經濟貿易、文化交流、民族融合的時代，也是因安史之亂造成戰亂頻仍、社會動盪、經濟衰落的時期。但是，這個時期的文化卻得益於碰撞、交流、融合而持續了大發展的態勢，呈現出空前的豐富多彩。一方面是「動盪歲月中的尷尬歷程」，同時另一方面則是「追求真善美的執著決心」，兩者看似矛盾衝突，實則相輔相成。這部小說涉筆的人物數以百計，上至帝王將相、部族首領、高僧大德，下到叛臣逆子、巫婆駝夫、歌妓舞女，都成為承載文化的鮮明符號；涉及的歷史事件錯綜複雜，無論是遣使通好、設防羈縻，還是攻城略地、招降納叛，抑或僧諍辯理、修文經商，其間充滿了真善美與假惡醜的搏擊。小說結尾前，「前河西觀察判官、散朝大夫、殿中侍御史、舍人王錫奏表」頗值得細讀，其中說道：「我風燭殘年，唯有一念，使吐蕃與唐朝永遠交好。」又說：「不管梵語還是吐火羅語，不管突厥語還是粟特語，都是承載教義的工具，如同虛幻的野馬，飄揚的塵埃。其實，您所謂的『野馬』應該準確地描述為『像野馬一樣升騰的雲氣』，與我所說的野馬迥

然不同。雲氣在太陽照射下很快就會消失，而野馬不管在沼澤、冰面、雪山還是草灘、戈壁、沙漠，都能夠像唐語那樣穩定地保持和諧緊湊的形態和秀麗多姿的時態。」全書一直以多種民族語言來象徵不同文化，而這裡的「野馬」「塵埃」並非虛幻的云氣，而是穩定、和諧的實際存在。不管是吐蕃貴族之子尚修羅「倏」、後突厥小王子磨延泣「忽」，還是那個安祿山的同母兄弟、侏儒阿嗜尼，他們在書中的所作所為，他們的「命運」或者說是「使命」，就是在紛繁複雜的政治、軍事鬥爭與經濟、宗教活動中承擔文明衝突與交融的任務。

小說最後，吐蕃贊普命頓悟派高僧摩訶衍與漸悟派高僧蓮花戒展開辯論，這就是佛教史上有名的「僧諍大會」（其具體內容也有幸保存在敦煌莫高窟藏經洞所出的寫卷中）。論辯的結果是漸悟派占了上風，頓悟派須退出藏區。但實際上，這場論辯的結果並無輸家，兩派之間取長補短，不僅對佛教的進一步中國化起了推動作用，也為包括佛教文化在內的中華民族優秀傳統文化的形成、發展有著不可忽視的意義。小說結尾，摩訶衍將傳承文化的文字全部鏽刻到十二隻「羲和」與十隻「混沌」之上，又將「羲和」安裝到月角位置，將「混沌」安裝到日角位置，日月交輝，光耀世間，正喻示著文明的進步。野馬倏忽掃塵埃，天翻地覆慷而慨。我以為，這就是玉雷這部長篇所要宣示的主旨。

至於小說在結構、章法、情節展示等方面的特色，在語言風格、人物塑造等方面的藝術手法，則要請廣大讀者去自行鑑賞和品味了。我的粗淺感受似可擬為一聯：運斤有方，一顆匠心獨具；變幻莫測，萬變不離其宗。不知馮君以為如何？

（2014 年 7 月於北京）

《漢晉十六國木板繪畫》代序

　　梁雄德、李旭二位先生編著的《漢晉十六國木板繪畫》一書出版在即，編者寄來黑白書稿供我觀賞、學習，常沙娜教授囑我為之撰序。由於參加敦煌學研究的緣故，我雖對敦煌壁畫藝術有興趣，但對中國古代繪畫藝術所知甚淺；二十世紀八、九〇年代以來，河西地區及額濟納旗發現的漢晉十六國時期遺存的木板畫，對我來說更是完全新鮮的文物。好在書稿前面有雄德先生研究這批木板畫的長篇研究文章，又有李旭對古代木板畫的鑑定與保護的精要論述，我讀了均深受啟益。因而，寫序實不敢當，只能勉力談些學習後的點滴心得體會，以求正於沙娜教授、二位編著者和廣大讀者。

　　木板畫基本上是用動物毫毛製成的軟筆蘸墨汁、彩色顏料直接描繪在木板上的畫作，與印刷術發明後流行的雕版印製的版畫不同，其起始的時代也要早得多。學界有「書畫同源」的說法，這個「源」，我覺得就是古人在地面、岩壁、玉石、陶器、甲骨等材料上楔刻的象形符號，它們既是文字之祖，亦開繪畫之先河，都是當時社會生活和人們思想情感的真實反映。隨著社會的進步、文化藝術的發展，字、畫

分流，刻、鑄與描畫並行，真正意義上的繪畫、雕刻作品紛紛面世，岩畫、陶繪、帛畫、漆畫、木板畫、磚畫、紙畫、壁畫及磚雕、泥塑、木雕、玉雕、碑刻、石雕、牙雕等均應運而生，各自在中國乃至世界繪畫史、雕塑史的長河中占據了重要的地位。在這些林林總總的繪畫、雕刻作品中，製作的工具、材料與載體成為十分要緊的因素——關聯創製的結構、風格與用途，也關係到它們的保護、鑑藏與流散。據我所知，由於千百年來的天災（包括自然風化腐蝕）、人禍與材質等因素，中國唐宋之前的繪畫作品中，留存至今的帛畫、紙畫、漆畫、木板畫最為稀有，故每有現世，即視若瑰寶。長沙戰國楚墓、漢墓帛畫及漆畫出土，舉世震撼；嘉峪關魏晉墓室磚畫呈現，中外矚目。現在，得到搶救性保護的漢晉十六國時期的大量木版畫又展現在世人面前，確實令人十分興奮、欣喜不已。梁雄德先生在相關研究文章中，已經對這批珍貴繪畫文物的內容、風格、特質做了詳盡的介紹與分析，我覺得其中有幾點值得我們進一步關注。

第一，這批木版畫中反映世俗生活的內容與之前已知的墓室磚畫近似，但社會場景更為開闊，生活氣息更為濃郁，人物形象更為豐滿。例如【1-A】為雙面木板畫，應是東漢時期墓室所出，正面是《樂舞圖》，男女主人跪坐於戶外茵席之上，旁有侍者執傘蓋為之遮蔭，前有擺放食盒之條案，右前方大毯之上有兩位舞人持拍鼓、撥浪鼓而舞，右後方三塊方毯上跪坐著三位樂伎分執阮咸（？）、古琴、腰鼓伴奏，上方則是一片樹林。人物眉眼分明，冠飾清晰，神情生動，場景逼真，氣氛熱烈，儼然為主人奢華生活之藝術再現；背面為《獵獲圖》，在林莽背景的映襯下，兩人抬著獵獲的野鹿，鹿頭後仰，說明還在掙扎之中，而另二位獵人手執弓箭、長戟追趕一頭已中箭猛虎，老虎怒目圓睜，獵人滿弓待發，其緊張氣氛與抬鹿者的輕鬆、喜悅正相

映襯。又如【7-10】魏晉時期的一幅《塢壁圖》，畫面上的廡殿式樓閣、開門側身張望的侍女、持鞭趕禽的牧童、欄內的二牛三羊、拴在樹旁的馬、槽邊待飲的三角牛，均描畫得栩栩如生，構成了典型的莊園生活場景。另如《犢車出行圖》、《護桑圖》、《叼羊圖》、《惜別辭行圖》、《捻線納鞋底圖》、《求愛圖》、《春情圖》等，都是繪畫文物中難得一見的題材，豐富了我們對漢晉時期日常社會生活的認識。特別值得一提的是，本書圖版【8-4】、【8-5】為兩幅《屯墾戍邊圖》，畫面上的兵營、荷戟士卒，與耕、耱農田的農夫農婦並繪於畫中，是當時屯墾戍邊政策舉措的形象展現，在我所知的同時期美術作品中，似為僅見。

　　第二，這批木版畫中描繪的神話傳說、神獸形象多有創新，很多地方又更貼近現實，大大豐富了這類題材的繪畫語言與技法。例如雙面木板【12-A】的《伏羲女媧圖》，畫面上的伏羲、女媧均為童顏，上身著寬袖襦服，下身圍羽狀短裙，雙肩有羽翼；特別奇特的是下身除傳統的相交蛇尾外，還長著兩條獸腿；上方正中是一條長了羽翅的龍，兩側的日中金烏、月裡蟾蜍的畫法為一寫實、一抽象，也與我們常見的伏羲女媧圖像不同。【4-1、2】的伏羲女媧圖中的形象與此相似，只是兩人的髮髻已成人化，月中蟾蜍則近似寫實了。這種神話故事的寫實化手法，也體現在【12-B】的《西王母、東王公圖》中：西王母、東王公的面部形象與裝飾完全與世俗生活裡的人物相同，只是多了雙肩上的羽翼；西王母座前的九尾狐、三足烏，東王公座前的神鹿，基本上都是寫實的圖像；西王母的侍女肩上的羽翼換成了一副蝶形翅膀，反倒像是套上了孩童的花邊圍嘴。同樣題材的繪畫語言，此圖確為我所僅見。另如其中西晉時期所繪的四幅瑞獸圖像，均和我們在畫像磚中看到的有別：大角神鹿昂首奮蹄，疾馳如飛，但形態逼真，並無誇飾；翼馬之雙翅與前腿相連，馬蹄變成獸足，軀體介乎獅

虎之間；九尾狐的圖像則似乎結合了狐、兔、羊的形象，也是睜目昂首前奔；白馬除了耳間長角顯示神力、唇上有須以示長壽外，基本寫實。他如青龍、白虎、朱雀、玄武四神獸的描繪，也體現出畫匠盡量忠實於現實生活的理念。神話與現實的完美結合，寫實風格與創新精神並存，為這批木版畫增添了生活氣息和生命力。

　　第三，這批木板畫在繪畫技法上，在總體符合質樸、曠達的時代風尚的基礎上，注意刻畫細節，增強了藝術感染力。例如【7-12】休憩圖中的人物倚樹樁小憩，左腿微伸，右腿稍曲，右手撐顎，左手持水罐，雙眼欲閉又睜，睏倦之狀清晰可辨；而右邊樹下之貓兩眼圓睜，左邊樹上之鳥振翅張嘴啼叫，正與欲憩之人形成鮮明對比，畫中的這些細節刻畫實在令人叫絕。我特別注意到這批畫中不少人物、動物的眉眼描畫都相當細緻，一些日常器物也畫得很細膩，如【6-7】的《絹帛食具櫃圖》中的二十二件絹帛、七件器皿、八個掛鉤上的廚具和繩索等，【7-15】《庖廚圖》中的切肉、攤餅、添火等動作，都近乎於現實生活中的寫生圖。【7-1】《犢車出行圖》中，車上婦人懷抱的嬰兒、車後孩童手牽的青蛙寵物，也彷彿近在我們眼前。書中這方面的例子可謂不勝枚舉，服飾、樂器、食品、農具、車騎等等，都讓人感到了細節真實的魅力。美術史家王伯敏先生在他的《中國繪畫史・序》中說：「傑出的畫家，在藝術上巧奪天工，他們以獨特的藝術形式，表達他們的思想感情。無論畫千軍萬馬，或是五嶽三江，以至一花一草，他們可以用細如游絲的筆致，或者用奔放練達的筆調，抓住對象的形神特質，引起廣大讀者對於美的共鳴。」（《中國繪畫史》，上海人民出版社1982年版）可見，創作者深入生活，執著心中，超然像外，追求「細緻」與「粗放」的統一，正是畫作達到形神兼備的必要條件。同時，我以為這批木版畫的這個特點，與它們的載體也密切相關。經加工後

細木板的流暢木紋，它的溫潤材面及細膩塗層，非常適合發揮細毫軟筆的特長，既可以重筆勾勒粗線條的輪廓，又能輕筆描繪細線條的物象。因此，我很欣賞書後插頁上編者寫的兩句話：「帛、紙、磚是人為再加工的產物，而木材原本是有生命的物體。一塊木板它優美的木紋、溫和的品質，本身就是大自然賦予我們的藝術品。」這是編者的感悟，應該也是我們的共識。

　　我們要特別感謝這本木版畫的編者梁雄德先生——這位從祁連山下洪水河畔走出來的優秀畫家。梁先生的學習經歷與創作歷程，是這一代人歷經風雨、千錘百煉而總成大器的縮影，這有他自己的創作與文章作證，無須我在此贅述。我只是想強調，作為一位從自學起步又經學院正規訓練，並經吳冠中等多位大師名家指點的畫家，他有植根於鄉土的深厚基礎，有孜孜不倦的奮鬥精神，有轉益多師的求知渴望，有永不滿足的創新追求，所以才能日新月新、年新又新。特別是他多年來對敦煌文化藝術的熱愛、探索，使得自己在不斷汲取優秀傳統文化藝術營養的過程中，不斷地提升自己的藝術品位與學術品格。這一冊《漢晉十六國木版繪畫》的推出，得益於他對各類繪畫文物（尤其是民間作品）的豐富的感性認識經驗，得益於他良好的專業知識、濃烈的專業興趣與職業敏感，也得益於他的理論探索精神。我衷心期盼能看到梁先生有更多的藝術精品和學術論著問世，為敦煌美術、河西美術、中國美術事業做出更大的貢獻。

　　我這篇短文遠不夠為此書寫序的要求，勉力將自己的一些感受寫出來，聊作代序，以完成尊敬的常沙娜教授的囑託，並求得方家的批評指正。

（2013 年 11 月 21 日於北京中華書局）

多元、異彩　規範、創新

——讀「敦煌講座書系」感言

　　「敦煌講座書系」（以下簡稱「書系」）從最初的策劃、立項，到全套書正式出版、發行，歷時八年。筆者忝列該書系編委，參與擬定選目、體例及審讀初稿的全過程，深知其中作者、編者、出版者的勤苦，如今全書二十二冊面世，已有若干文章予以評介，我亦有些許感言，敬請學界及廣大讀者不吝指正。

　　眾所周知，古代敦煌位於著名絲綢之路的「咽喉之地」，是東西方幾大古老文明的交匯之處。因此，敦煌文化的一個顯著特色，就是它的多元化。這種多元色彩，不僅表現在它的內容要涉及政治、經濟、軍事、民族、文學、語言、宗教、藝術等等多個領域，還須反映在各領域學術文化內涵的多元交融上。可以說，「書系」的整體設計，首先是考慮到這一點的，大多數作者在寫作中也關注了這一點。無論歷史地理、宗教傳播、石窟藝術、民族政權，還是文書遺存、佛道典籍、書儀禮法、商貿活動，在眾多物質與非物質文化遺產的分析研究中，都突出體現了敦煌文化的多元性。至於這種「多元」，是否已經包容於

以儒家文化為主體的「一體」之中，則見仁見智。恐怕這也是我們應繼續深入研究的論題之一。

我一直認為，只有多元，才能真正體現中華文化的包容、寬容本質，也才能體現出敦煌文化的異彩紛呈。多元與異彩，相輔相成，符合文化發展、繁榮的歷史進程。例如敦煌的宗教文化，儘管莫高窟自西元四世紀後半期以來一直是佛教勝地，但道教、祆教、摩尼、基督教以及後來的伊斯蘭教等均能與其兼容並存，潤澤那裡各族居民的精神生活。舉世矚目的敦煌石窟，更是包容了各種宗教、民族文化藝術精萃的聚珍寶庫，是全人類得以共享的世界文化遺產。「書系」的《敦煌石窟藝術總論》（趙聲良著）等著作對此均有很好的詮釋。如在莫高窟的七百多個佛窟與藏經洞遺書中，我們不難發現其中包涵著民間神話傳說、史傳故事、社會生活以及儒家、道教、祆教、摩尼等豐富的文化因素，也不難觀賞到中原與西域、印度乃至希臘的藝術風格與文化交匯的蹤跡。誠如《敦煌石窟藝術總論》的作者在該書「前言」中所述：「佛教藝術源於印度，經中亞傳入中國，因此，包括敦煌石窟在內的中國各地石窟必然會帶有印度、中亞等地藝術的痕跡。」「敦煌石窟保存下來的大量彩塑作品，給我們展示了佛教雕塑從最初受印度、犍陀羅藝術影響到受中原傳來的新風格的浸潤，而形成中國式佛教藝術的過程。」在這裡，文化藝術的多樣性與多元化是和諧、統一的。這正是中華文化聳立於世界文化之林的一個根基。再如在楊富學著《回鶻與敦煌》一書中，作者正確地指出「回鶻是一個善於兼容外來文明而著稱於世的民族，曾先後信奉過薩滿教、摩尼教、佛教、景教、祆教和道教等多種宗教」，「回鶻是較早從中原漢人那裡學會雕版印刷的兄弟民族之一，並且是把中國古代印刷術從古代西域，沿著絲綢之路，傳入波斯、埃及和阿拉伯世界及歐洲西方世界的最重要的媒介，

為世界文化交流與發展作出了重要貢獻。」回鶻、漢族如此，在中華廣闊疆域中生活的其他各民族也都如此。兼容、寬容、包容的文化精神，正是一個民族能夠生存、發展、繁榮的不可或缺的條件。正因為如此，位處絲路咽喉「華戎所交」的敦煌，才能夠在一個相當長的歷史階段裡成為多元文化大放異彩的「國際都會」。

　　書系內容給我的另一個突出印象是它較好地體現了學術規範與創新精神相輔相成的辯證關係。敦煌學是一門在上世紀初興起的新學問，其顯著的學術特徵，用陳寅恪先生的話來說，是「一時代之學術必有其新材料與新問題，取用此材料以研求問題，則為此時代學術之新潮流」（《陳垣敦煌劫餘錄‧序》）。現在，敦煌學研究已有百年歷程，其間人才輩出，成果豐碩。榮新江教授代表編委會為該書系撰寫的《總序》裡提出：「在二十一世紀，敦煌學的發展不僅僅要追求新材料，還要向其他學科學習，進一步更新方法，思考新問題。」「希望以跨學科的研究方法，從文獻到歷史，從文獻到藝術，從文獻到各個領域，把敦煌文獻與歷史、藝術等學科中的某個專題結合，把敦煌學的基礎知識用新的方法、新的脈絡串聯起來，用新的視角來闡述敦煌學的各個方面。」這主要是對這套學術論著提出的創新性要求，各冊著述在多大程度上做到了這些，可以請學界同仁與廣大讀者鑑定。我這裡要強調的是力求創新與遵循學術規範的關係問題。我以為，材料、方法、問題的求新，仍然應該是在遵循學術規範前提或基礎之上的創新。即材料力求準確、真實、齊備，需要在資料的蒐集、選擇與辨析上下一番功夫，亦包括對相關參考文獻與國內外已有成果的如實、精當地徵引與注釋；在研究方法上力求正確、綜合運用「二重（或多重）證據法」及源流、比較、特質研究，這些研究是建立在有豐富材料為依據的紮實基礎之上的，而非「穿靴戴帽」式的空泛套用；在問題論

證上則應做到立論明白、推論明晰、結論明確，不但持論平實，而且概念準確，推論符合邏輯思辨規律，切忌模稜兩可和空論、大話。這些基本的學術規範，加上國際敦煌學著作的一些特殊要求（如洞窟及遺書、簡牘、絲織品編號，專業術語，人名、地名、書名、譯名，俗語詞、異體字等），書系編委會和各位作者進行過多次溝通，在審讀初稿後也提出過一些改進建議，各冊書的責任編輯也做了適當的技術加工，力求全書統一。因此，現在呈現在讀者面前的這套書系，在力圖遵循學術規範的前提下去追求學術創新，就保證了它較高的學術水準和良好的學術品位。例如竇懷永著《敦煌文獻避諱研究》一書，運用敦煌寫本中大量漢文文獻的語彙材料來研究避諱問題，提出「對於避諱學而言，敦煌文獻是新發現的材料。對於敦煌學而言，避諱學則是可以借鑑的研究方法。」作者嚴格遵循避諱學研究的基本原則，先縱述了宋代以前的避諱概觀，又在介紹歷代避諱研究概況與回顧敦煌文獻避諱研究的基礎上，進而具體分析敦煌文獻避諱的特點、影響因素、方法，再深入到避諱字形與斷代的探討。避諱研究遵循歷史學規範，俗語詞研究遵循語言學規範，二者結合提出新的認識。這就不僅將避諱學的研究向前推進了一大步，而且將語詞研究與歷史研究串通一氣，拓展了敦煌學研究的新領域。既做到了在遵循公認的學術規範、尊重前人的學術成果積累的基礎上進行創造性的學術思考，又能規範地採用新、舊材料，更新觀念，拓寬視角，提出問題，綜合運用各種方法，得出有新意、有啟示的合乎規律的自己的結論。由此可見遵循規範是創新的基礎與必要條件，創新是規範意義上的要求與目標，又是補充與發展規範的新條件、新基礎。這套書系的多數作者是中青年學者，能夠有這樣的創新成果，確實令人欣喜。當然，這還只是一些初步的成功嘗試，我們希望將來有更多更好的敦煌學論著不斷面世，

開創學術繁榮的新局面。

（2015 年春）

《敦煌文選》序

　　五年前，紀忠元、紀永元伯仲編撰的《敦煌詩選》面世，為廣大的敦煌文化愛好者提供了一份豐富的精神食糧，得到廣大讀者和敦煌學界同仁的好評。現在，在永元館長主事的陽關博物館創建十週年之際，他們又將精心編注的厚重書稿《敦煌文選》送交作家出版社，這種傾心弘揚敦煌文化的熱忱和孜孜不倦的工作精神，真讓我們肅然起敬，欽羨不已。

　　《敦煌文選》是《敦煌詩選》的姐妹編，二者血脈關聯，卻又風采各異。先秦兩漢時期，古人心目中的「文」，從青、赤交錯引申為「聲采」「藻繪」，與「質」相對（《周禮》云「青與赤謂之文」，《說苑》謂「有質而無文」），可以說幾乎涵蓋了所有的文學藝術門類。到了五世紀晚期劉勰撰《文心雕龍》，「文」始釐分為三十五種體裁，而騷、詩、樂府等歌詩類作品仍首列其中。六世紀初，南朝梁昭明太子蕭統編《文選》，開始注意了所收作品的「文學性」，所編三大類，詩、賦仍占其二。大概是到了隋唐時期，在近乎全民讀詩、寫詩的氛圍裡與後來聲勢浩大的「古文運動」中，詩（韻語）與文（散文）才有了明

確的區別。之後，在文學體裁的辨明上，詩歌（包括詞、歌辭、雜曲）的概念相對單純，無論是講求聲律的古體、近體，齊言、雜言，還是通俗的白話詩、新詩，基本的要求是語言高度凝練，講究節奏韻律。而作為散文文體之「文」，其涵蓋的範圍則要寬泛得多。除了文人士子創作的散文、雜文作品外，書、疏、碑、銘、贊、箴、誄、記、傳、論、說、奏、策、表、啟、對、詔等也都可包含其中。上世紀初，敦煌莫高窟藏經洞文獻重新面世後，與宗教宣傳密切相關的講經文、變文、因緣記等又進入人們的眼界，一批散韻相間的「說唱文學作品」和頗具時代風貌的應用文範本「書儀」，鏈接了中古文學史上缺失的環節，令眾多古籍整理者和研究家欣喜不已。現在，紀家兄弟編注的這本《敦煌文選》，就是根據上述廣義的「文」的範疇來收編作品的。

《敦煌文選》的編選，是為了通過對與敦煌關聯的一二〇篇作品的介紹與注釋，普及敦煌歷史文化知識，更好地傳承與發揚博大精深、燦爛輝煌的優秀文化遺產。誠如劉勰所言：「或簡言以達旨，或博文以該情，或明理以立體，或隱義以藏用。」（《文心雕龍‧征聖》）因此，我的理解，儘管其中有少數作品（如《山海經》節引「敦薨之山水」、懸泉置出土的「小浮屠裡」簡和「使者王君」簡、唐天寶年間敦煌郡「五穀時價」等）還很難形成一則完整的文章，但其中透出的人文信息卻至關緊要，棄之可惜，故亦予以收錄。書中所收唐五代宋初時期的各種作品六〇篇，占了全書三分之二的篇幅，且均出於敦煌莫高窟碑銘與藏經洞遺書，采自敦煌文獻的各種整理本，體現了眾多專家學者的研究成果，成為本書的一大特點。清代與民國時期的作品三十九篇，其中許多是一般讀者乃至研究者不易尋獲的稀見文章，歲月倏忽，時代風雲變幻，作者身分有別，文風各異，今天讀來應該會有頗多感慨與啟示。

　　因為擔負著普及歷史文化知識的任務，本書在文章的注釋上下了不少功夫，其中多數是一般詞語、名稱的注解，當然也引用了相關專家學者在研究的基礎上對某些問題的詮釋，資料盡可能翔實，文字力求通暢易懂。有的篇幅較長的文章，涉及佛教知識、歷史典故等也較多，雖盡量精簡，為掃除閱讀障礙，出注仍多，似略嫌繁縟。好在有敦煌歷史文化的吸引力，我想讀者還是會理解與歡迎的。

　　「兄弟既翕，和樂且湛。」（《詩經·常棣》）與許多敦煌學界的同仁一樣，多年來我一直感佩紀家兄弟弘揚敦煌文化的精神與事業心，也一直關注著陽關博物館的建設與發展。在《敦煌文選》即將出版之際，呈上這篇短序，再次表達我衷心的欽佩與至誠的祝賀！

（2013 年 6 月於北京中華書局）

《西域漢語通行史》序

　　三十六年前，我從烏魯木齊市第十九中學調到「紅專學校」（烏魯木齊市教師進修學校、教育學院前身）任教，和馬克章老師成了同事。他教現代漢語課，我講古代漢語，兩門課程有許多契合之處，常在一起相互切磋。那時學校的教員多是從市屬各中學調入的，老師們剛剛擺脫了「文革」的羈絆，思想也逐漸「解放」，很想在業務上多下些功夫，在提高自身水平與能力的同時，將所需知識傳授給如飢似渴的學員們。在我的印象裡，老馬是我們這批「老大學生」中最勤奮的一位，也是刻苦鑽研，在教學的同時最早步入「科研」領域的老師。現在想來，他日後能夠擔當兩千年「西域漢語通行史」這個大課題，那時已經打下了紮實的基礎。

　　幾年前，在和當年語文教學界老同事們的一次聚會之後，老馬和我聊了他這些年搜尋、積累兩千年間西域漢語通行方面的資料，準備撰寫一本相關著作的設想。我當然非常贊成——因為這不僅是新疆歷史文化史中不可或缺的部分，而且也是社會語言學、文化語言學在中國漢語史研究中的一次有益實踐和名副其實的突破。這些年來，我因

為參與敦煌吐魯番學研究的緣故，對相關出土文書中所反映出來的晉、唐時期敦煌及西域的「雙語」乃至「多語」並行的情況頗感興趣，但惜無研究。老馬這本著作的著眼點是漢語在西部地區的通行史，同時也必然涉及和其他民族語言的交流、應用，相對於西域少數民族語言文獻的研究（這也是我們的薄弱環節），西域漢語史的研究反而更加貧乏和滯後。語言文字本身是文化不可或缺的組成部分，也是文化傳承的重要載體。我們在認真普及新疆歷史文化知識時，當然應該對這一區域通行了兩千年之久的漢語現像有更加清晰而確鑿的認知。對於學界而言，從社會語言學和文化語言學的角度去釐清新疆漢語通行的史料並加以科學分析，則可以大大拓展人們研究西域文化歷史的視野。

據老馬在本書「緒論」中所說，他是三十年前在參與調查、研究新疆漢語方言的國家課題時開始關注「漢語通行」這個論題的。實際上，漢語的「普通話」只是現當代的概念，雖然古代的某個時期有「官話」的說法（如南宋時期臨安的「官話」、晚近以來北方話系統的各地官話），其實也都是靠近某一種方言的語言——在漫長的歷史時期，漢語不僅依靠各地方言而存在、傳承、發展，而且也不斷地從其他民族語言中汲取養料而豐富發展。新疆作為一個地域廣闊的移民社會，內地各地區的漢語方言也不斷地在新疆進行著交流。因此，新疆的漢語通行史，實際上正是漢語方言的通行史。誠如本書第一章第四節中所言：「漢語在西域的通行，始於漢人的進入西域。漢語通行空間的分布，取決於漢人在西域的地域分布。」書中對漢代漢人（戍邊士卒、地方移民等）的人數、分布，做了詳細的鉤沉與統計，說明當時在西域已至少形成了十餘個漢語語言島，當然「島」的含義，恐怕還不是彼此間不通音問，「完全隔絕」，儘管交流並不通暢，但人員的流動是不可避免的，漢語不同方言間的滲透力亦不可小覷。從西漢至清末的兩

千多年間，體現了中原及江漢地區的各地方言交融特色的漢語，作為西域地區的「官方通用語」，是無可爭辯的事實。至於西域各少數民族語言對於漢語變革、傳承、發展的貢獻，也是有目共睹的事實。例如我曾經在一篇文章中提及元代維吾爾語對元曲語詞的影響，還有目前漢語中已經非常普及的常用詞彙（如葡萄、芫荽、琵琶、篳篥等等），佛經東傳過程中少數民族翻譯家在譯經中的傑出作用，都證明了西域的漢語通行史，也是各民族語言的交融史。本書中對漢代以後西域地區「雙語現象」乃至「多語現象」的精闢分析，也說明了作者敘述、評論漢語通行新疆的歷史，恰是在正視歷史事實的前提下，為了更生動形象地還原民族文化交融的圖像，更好地維護民族團結與祖國的統一。新疆，作為統一祖國大家庭中地域最遼闊、各民族文化交流最活躍的成員，誠如作者在本書「余論」中指出的：「漢語在西域的通行，不僅起到了語言交際的作用，而且它對西域社會的發展和地區文化的發展，都產生了深刻的影響，具有重大的社會意義和文化意義。」

　　材料的翔實，方法的更新，嚴密的邏輯思辨，清晰的篇章結構，是本書的顯著特色，也是我欽佩之處。本書徵引的資料，有豐富的傳世典籍，有大量的出土文物，有前輩的研究成果，也有國外專家的論著；本書使用的方法，除了藉助文化語言學、社會語言學等新興學科的認識論與方法論之外，多學科交叉綜述，二重、多重證據，數字統計，等等方法，都得到了較好的運用；本書在具體的分析、綜合中體現出來的邏輯思辨，包括精細推理而又留有餘地，縝密而有說服力；本書依時代為序，釐為七章，縱論漢語在西域通行的史實，而每一章中又將新疆歷史中一些重大事件與語言問題緊密地結合在一起論述，以求達到「橫斷面」清晰的效果。因此，這不僅是一部應用語言學的著作，也完全可以作為一部簡明的新疆通史來閱讀。學術的創新是必

須以學術規範為基礎的。我認為,學術規範的基本點,就是材料的真實、準確、齊備,語言的簡明、通暢、生動,立論明確、推論合理、結論確定又留有餘地,一句話,要杜絕假、大、空。我以為,老馬的這部著作,是努力去做到這一點的。故樂於為之序,並求學界同道教正。

（2013 年 9 月 4 日於中華書局）

《崑山識玉——回鶻文契約斷代研究》代序

　　作為國家社科基金項目『西北絲綢之路歷史文化研究——回鶻文契約斷代研究』的結項成果，《崑山識玉——回鶻文契約斷代研究》一書出版在即，著者劉戈教授將寫序的任務交給了我。我雖與絲綢之路及新疆的歷史文化研究有緣，卻完全不識回鶻文，從未涉足古代回鶻文契約的研究；只是曾經擔任過劉戈《回鶻文買賣文書譯注》一書（中華書局 2006 年版）的審讀編輯，對她多年來孜孜不倦進行探索的內容與精神都有些許了解，加之她的夫君郭平梁研究員生前在一次電話通話中曾囑託我繼續關注她的研究工作，所以勉力試撰此文，以充代序。

　　八年前《回鶻文買賣文書譯注》一書出版後，中外學界的反應是積極的，曾獲陝西省哲學社會科學和該省高校的人文社會科學兩項優秀成果獎。對該書的價值，中央民族大學的張鐵山教授曾發表文章予以評介，頗為中肯、詳細，茲不贅述。我這裡僅就著者從事回鶻文契約斷代研究的意義及方法談一點粗淺的感受。

　　中國西北地區出土的古回鶻文文書是研究古代絲綢之路經濟往來與文化交流的歷史文獻，也是認識新疆歷史文化、了解民族交融不可

或缺的珍貴資料。由於歷史的原因，其中相當數量的文書流散海外，俄、德、法、日等國專家的相關研究起步較早，而中國各族學者主要是在二十世紀八〇年代後才急起直追。多年來，中外學者都有一些重要成果發表。其中，辨識作為記載當時該地社會生活、表達思想情感的書面形式——古回鶻文字，應當是這項研究不可或缺的最基礎的工作。但是，歷史變遷，世事滄桑，古回鶻文在現實社會中已經消失，它和現代維吾爾語言文字在字形拼寫和語彙、音讀、語法等方面有了很大不同；另一方面，語言的傳承性又使得古回鶻文與現代維吾爾文有許多相通之處。研究古今文字之通、變便成為民族語言文字、文化、歷史研究中一項十分重要的課題。記得一九九七年我訪問法國巴黎時，著名回鶻文研究專家哈密頓教授曾邀請我與古麗比亞研究員去他居所小敘，他所談的中心內容便是辨識古、今維吾爾語言文字的異同是一道「門坎」，如果邁不過這道「坎兒」，就很難真正進入研究古回鶻文文書的殿堂。因此，中外一些專家，都將古回鶻文書體形態特徵與年代的關係作為重要的研究課題，如 q 形態問題，加點與 x、γ 區分的問題，t、d、s、z 的混用問題，「楷體」「半楷體」問題，這些特徵與書寫年代的判斷問題等，儘管有些共識，但基本上還是見仁見智，眾說紛紜。我以為究其根本原因，還是在於頗難掌握回鶻人於西元九世紀中西遷之後，其語言文字傳承變異的規律。現存的文書資料，書寫人不同，風格、年代、地域各異，似乎很難尋找出一條普遍適用的標準來衡量。

依我淺見，劉戈教授的優勢，一在於她對所掌握的中外各位專家的研究成果做了細心、完整的歸納和比較、分析，既不盲從，也不輕易否決，而是注意吸收其中合理成分，又善於發現其中的矛盾因素；二在於她是在整理（譯注）回鶻文契約文書的基礎工作中，採用了親

自摹寫大量文書的方法，力圖體會與恢復古回鶻人的書寫實踐，琢磨其書寫的習慣與形態特性，這就比單純的辨圖識字又進了一層。本書附錄三的原契約複印件與摹寫本的對照圖，便很好地說明了這一點。以上兩點，我認為都是應該讚許與值得提倡的。語言文字是人類進行交際最重要、基本的工具，與社會進步密切相關。因此，某一時期、某個民族、某片地域使用的語言文字，應該會體現出特定時代與區域的風貌、風格、風尚，這是普遍性與特殊性的統一；但是，有個性特徵的「人」是使用語言文字的主體，他們也必然會受到社會變動、族群和人群交流、地域侵潤的影響，受到心理、學養、環境等多種因素的影響，在語言文字的表達上呈現出「異常」現象。如果絕對化地一以律之，便不免產生差池。例如用筆書寫文字（而非標準化刊印），其字形是否「規範」，與書寫者的文化水準、性格、習俗，與書寫工具以及書寫時的情緒、環境等等，都有相當大的關係，自創有之，出格有之，錯訛亦不免有之。尤其是古人的情狀，今人很難揣摩，這就會給研究者帶來許多不便與困惑。劉戈教授摹寫文書的過程，自然也是努力靠近古回鶻文書書寫者的一種嘗試。所以說，文書年代的判斷，主要應依據其所反映社會生活的內容（包括法律制度、經濟特徵、人物關係、地理環境），而不是單純的憑藉其書寫形態與語法特徵，更不是今人主觀套用、評定的「書體」。

崑山識玉，玉汝於成。總之，劉戈教授在古回鶻文契約的整理研究上，已經做出了讓學界矚目的成績，也正在繼續艱苦探索之中。我在衷心祝賀她取得許多進展的同時，也期待著她有更多更新的成果不斷問世。

（2015 年 1 月 14 日）

《唐宋詞概説》代序

　　孫其芳先生所著《唐宋詞概説》是一本資料翔實、論説細密、行文平易，又有很高學術價值的普及讀物。因為孫先生已仙逝多年，而這本書的寫作又與我有關，故不揣淺陋，勉力寫此短文，充作「代序」。

　　我是一九八二年夏天到蘭州參加「敦煌文學座談會」之後認識孫先生的。他是甘肅教育學院中文系的教授，曾兼任該院學報主編，不但已經是一位有很多學術成果的詞學專家，尤其對敦煌詞的研究多有心得，而且也是經驗十分豐富的編輯。當時，我雖然也開始關注敦煌藏經洞所出唐五代寫卷裡的詩詞作品，試寫了幾篇文章，並且於一九八三年中國敦煌吐魯番學會在蘭州成立後成為第一批會員，但比起孫先生來，真正只是「淺嚐」「初探」，談不上研究；但孫先生卻很願意和我交流他的心得，使我常受啟益。自一九八七年起，我負責中華書局《文史知識》雜誌編輯部的工作，也曾約他寫些唐宋詞鑑賞方面的稿子。後來，考慮到他對唐宋詞的賞析，不僅顯示出紮實全面的基礎知識，而且語言精練，深入淺出，實用性強，與當時風行的一些「精

修鐘錶式」的繁瑣文章截然不同，非常符合書局正在編輯的「文史知識文庫」的要求，於是便向他約這本《唐宋詞概說》的書稿。當時，他在中文系與學報的日常工做事務很多，省政協的會議也不少，身體又欠佳，但還是擠出時間來，如期完成了書稿的寫作。當他將謄抄得十分工整、自己裝訂成冊的書稿寄到編輯部時，看到此稿的編輯和我一樣都為他的認真與精細而感動。我很快安排了一位責編閱讀加工書稿，為了慎重起見，還專門請了書局前副總編程毅中先生審讀。程先生是學界公認的古代文學研究專家；他很快肯定了這部書稿的價值，認為可以出版。可是，書稿編輯加工之初，那位責編就被調到別的部門去當領導，雖然他自己表示可以繼續做此書責編，但新崗位的繁雜事務還是使此書的編輯出版工作「擱淺」了——而且這一擱就是十多年。一九九七年底，我也離開了《文史知識》編輯部，一直到我二〇〇四年退休之後，這部書稿仍被堆積在成箱的文案之中；二〇〇一年夏天，孫先生不幸逝世。之後我曾幾次向書局提出過此稿的出版問題，都未獲確切肯定的答覆。從今年起，書局的返聘終止，我也終於尋撿出孫先生的完整書稿，經徵詢孫先生女兒的意見，決定向甘肅讀者出版集團教育出版社的領導推薦此稿。王光輝、薛英昭二位領導慧眼識珠，欣然同意為此書出版正式立項，而且馬上安排了吳潔瓊女史擔任書稿責編。現在，一部編排得大方得體的書稿校樣寄到我手中，我彷彿懷抱著一顆沉甸甸的，歷經風霜、幾乎凋零的碩果，真是感慨萬千！孫先生一九九一年四月末在書稿的「後記」末尾寫道：「脫稿後頗感睏倦，以後可能不會再寫長稿了。」我想，如果孫先生和他的夫人泉下有知，也會感到些許安慰的。

這次在通讀孫先生這部著作的過程中，得以比較系統、全面、真切地感受到他深厚的詞學功底和論著特色。茲將印象最深的幾點寫出

來和讀者交流。

其一，孫先生向讀者介紹的唐、五代、宋詞的知識是全面、客觀和準確的。他是從文學創作方方面面的現象出發，從大量詞作的作品實際出發，而不是「理論先行」，也非圍於成說或盲從名家結論。尤其是他對敦煌莫高窟藏經洞所出唐五代詞作寫本的熟悉與透澈研究，使他對詞的淵源、流變都有前人不及的清晰把握。儘管此書稿完成於二十多年前，可以說，本書中關於敦煌詞的介紹與論說，迄今在學界仍然是最前沿的，尚無人超越。無論是關涉「詞」的基本知識，還是對相關作家、流派、作品內容與藝術風格的分析，書中均不乏新意與創見。例如認為詞起源於隋唐音樂，認為「花間詞」將詞帶進了褊狹小路，認為宋詞「廢品太多」，其「題材內容的廣度與敦煌詞相比，也仍然望塵莫及」，對南宋眾多詞人「故作豪語」的批評，等等，都足以啟人深思。書名「概說」，釐為三編，總字數不超過二十五萬，卻是一部真正內容豐富而又經過反覆提煉的詞學論著，也稱得上是一部濃縮了的「唐宋詞史」。

其二，這裡特別要提出的是本書的語言風格──平易質樸，明白流暢，清爽乾淨，沒有雕琢，卻又不乏幽默；好似在隨意與讀者談天，卻又都是字斟句酌，簡潔、明確，絲毫不拖泥帶水，據說也一如他多年的講課風格。當然，文如其人，我感覺他的性格內斂而不張揚，待人接物冷靜、明淨而又滿懷誠摯與熱情。本書介紹詞的異名、體制、韻律、題材，專業性很強；講了那麼多的作家、作品，涉及面甚廣；讀來卻絲毫不覺繁複、冗贅。我以為在語言表達上是經過千錘百煉的，真正有名師大家之風度。這一點實在值得眼下有許多急於趕製厚重「敲門磚」的作者朋友們學習傚傚。

其三，全書徵引詞作的數量較多，有作者自己的選擇標準，以佳

篇、代表作為主，也有若干平庸乃至無聊的作品，這都是為了能讓讀者全面地把握唐宋詞的整體，了解「全人」「全篇」，防止片面。誠如孫先生在「後記」裡所說：「詞的語言和表意，往往比較含蓄，因而也便容易產生歧解，一些名家的解說，也常常出入很大，甚至背道而馳。」加上一些詞人喜好用典，文字晦澀，給閱讀理解帶來障礙。因此，為讀者著想，他對所引作品除精當評述外，還作了適當的解說，並且附帶注明了一些典事與詞語。我感覺這些解說、注釋不僅簡明扼要，而且準確地把握了詞作的精髓與詞人的思想脈絡；特別難能可貴的，許多評述、解說、注釋是經過認真思索與尋撿，不落陳說窠臼的。例如對周邦彥《少年游》中「並刀如水，吳鹽勝雪」的解釋；如認為柳永所寫豔情詞較多，卻不同於一般人的柔靡之作，詞中實含豪氣；如對東坡詞中「今夕是何年」出處的引證，對吳文英《齊天樂》（煙波桃葉西陵路）眾說紛紜的晦澀詞語的解讀。這些，都為我們更清晰、準確地了解唐宋詞人與詞作提供了思路、方法和資料。

　　孫先生這本著作當然還有其他的優點與特色，上述三方面只是我粗淺的感受，提出來供讀者朋友們參考。我希望這本普及讀物的出版，不但能夠幫助廣大的古典文學愛好者加深對唐宋詞的了解，能夠進一步提高大家對包括敦煌詞在內的敦煌文學作品的興趣，而且也能夠引起詞學研究界的關注。我相信，這也是當初孫其芳教授寫作此書的一個願望。

（2014 年 7 月於北京）

　　（《唐宋詞概說》已於 2015 年 3 月由甘肅教育出版社正式出版發行。）

【附錄】

雪泥尋蹤
——訪王國維、羅振玉京都舊居遺址隨筆

　　京都是日本人文淵藪，亦是國際敦煌學之搖籃。二〇〇一年，為紀念中國學術大師羅振玉、王國維東渡扶桑，開創敦煌研究九十週年，京都大學人文科學研究所高田時雄教授曾主持舉辦「草創期的敦煌學」國際研討會，會議論文集由知泉書館出版，在敦煌學史上留下印記。二〇一五年一月底，經高田教授倡議，京大再次舉辦敦煌學國際研討會，得到關西大學、廣島大學及各國學者的支持，成果豐碩。兩次盛會，我均應邀出席，獲益匪淺。京都大學與吉田山相鄰，離羅、王故居不遠。一月三十一日，就在會議圓滿結束之際，大雪紛飛，京都霎時間銀裝素裹，分外動人，腦海裡忽然浮現出東坡「人生到處知何似，應似飛鴻踏雪泥」的詩句，也催動了我踏雪泥尋訪王、羅故居遺蹤的心思。

　　日本同志社大學的錢鷗教授是研究王國維的著名學者，曾為尋覓

並落實王國維、羅振玉在京都的舊居付出不少心血，功不可沒。蒙她親自導引，二月一日上午，在陽光與藍天白雲的映照之中，積雪漸融，我們登上吉田山，沿著石徑來到神樂崗八番地王國維當時租居的寓所門前。錢鷗考證出王國維在京都五年，先後住過三處，開始在田中的外村晃與羅振玉同住，後來搬到京大附近的百萬遍，最後定居在神樂崗八番地此屋。現在，這裡應該是一處改建過的和式建築，坐落在鬱鬱蔥蔥的樹蔭叢中，門外有一約二十平米的觀景小院，可以遠望蜿蜒的西山。前些年的房主是一位韓國人，還可以請來訪者進內參觀；現在的房主聽説是臺灣來的一位宗教人士，看管甚嚴，連房外小徑都寫明不許外人進人，門口還新立了兩座瞪目齜牙的石獸，以示威嚴。我們除了照幾張外景留念外，餘下的便只是望門興嘆、對景遐想了。儘管近百年來京都繁華了許多，這裡依舊是幽雅僻靜之處。想當年王國維「背吉田山，面如意岳」，在這裡潛心考釋，著名的《流沙墜簡》序及後序就是甲寅年（1914）初春在此撰寫而成，魯迅先生説：「中國有一部《流沙墜簡》，印了將有十年了。要談國學，那才可以算一種研究國學的書。開首有一篇長序，是王國維先生做的，要談國學，他才可以算一個研究國學的人物。」（《熱風・不懂的音譯》）王氏研究敦煌卷子的許多跋文，也都下筆於此。而且，他所依據的一些敦煌寫卷文本，都注明是近代日本中國學的代表人物、也是日本敦煌學的開山祖師狩野直喜（1868-1947）從倫敦所藏寫本過錄提供。王國維與狩野氏的學術交往，於此可見一斑。可以説，王國維在京都的敦煌學著述，與日本敦煌學研究的濫觴緊密相關，也開啟了真正意義上的國際敦煌學的歷程。

羅振玉的永慕園舊址距此不遠，從吉田山東下到淨土寺東田町一號即是。其舊居早已蕩然無存，十四年前遺址上矗立起西式的五層樓

房。但蒙錢鷗告知：所幸左鄰主人發現了被拋棄一旁的「永慕園」界石，就將此石砌於外牆相接之處，讓我們今天還能據此去猜想當年羅氏舊居的規模。而我所能想像的，則是百年前王國維如何日復一日地從山上下來呼門而入，兩人如何並肩促膝研討殷墟甲骨、敦煌遺書和流沙簡牘的情景；還有在此與內藤湖南（1866-1934）、狩野直喜兩位日本學術巨匠頻頻交流的氣氛。

離開吉田，錢鷗驅車南下，帶我來到倚傍東山的永觀堂，這是淨土宗西山禪林寺派的總本山，建立於西元九世紀中的平安時期，據傳以永觀禪師親見阿彌陀佛回首而賞心，而一般遊客則以秋日這裡的滿目紅葉而悅目。雪後偌大寺院，目前只有三五訪客遊覽其中，更添靜趣禪意。儘管是在冬日，寺中的多寶塔、唐門也都能讓人如沐華夏唐風，感覺絲絲暖意。我忽然想到，當年王國維應該也常來此堂觀瞻，「靜安」之靜，與禪寺之謐，是否也息息相通？據錢鷗《「觀堂」「永觀」餘話》一文考辨，王氏一九一五年五月將家眷送回家鄉後確曾寓居永觀堂，他後來號「觀堂」，又號「永觀」，其自述「我輩乃永抱悲觀者」與永觀禪師的思想亦相吻合。至此，我恍然大悟為何錢女史要陪我來此了！

雪後，王氏舊居對面山上的大「文」字格外醒目。我忽然又想起了杜甫的名句：「窗含西嶺千秋雪，門泊東吳萬里船。」我想，王國維在他寓居京都的日子裡，一定時時眼望異國山川，天天心寄家鄉江船。他是在用自己的心繭來編織文化交流之網，以自己的心血來澆灌學術之花。我們在京都的雪泥中，彷彿尋到了這位鴻儒大師清晰的蹤跡。

（2015 年 2 月 6 日）

柴劍虹：交流，才能互以幸福相交換
—— 《生活週刊》採訪紀要
夏楠

引言

民族與民族的了解，人類的真正情感交流，乃至真正的和平共處，是在互相了解，了解的一個最重要也最基本的法則，是交通。所以敦煌可以有希臘、羅馬、印度、小亞細亞諸式的藝術，正是這些交流。有了這些交流，才能互以幸福相交換。這也有同於中國絲與紙使歐洲人增加了人生的幸福一樣。這是文化的最高價值，這是文化的最高點。

——姜亮夫

一

七十歲的柴先生已經按期退休十年。但這十年裡他的大部分時間被中華書局返聘，工作量絲毫不減於退休之前，也仍然是每天早上八

點半之前就到了辦公室，下午五點以後才離開——也是他長年養成的習慣。目前他最為忙碌之事是，作為《中國地域文化通覽》系列多卷本的審讀小組成員，其中甘肅卷、青海卷、西藏卷這些其他人較難接手的，很自然地就落到了他身上。作為從業超過三十年的老編輯，他的目光必是挑剔和銳利的，也只有經過這樣的目光的審訂才能放心付梓印刷。

　　中華書局的樓宇裝飾，完全不似其名字那樣帶有古風，編輯室一派當下現代感，緊鄰的圖書館提供現煮咖啡，負責的年輕人嫻熟地報出各式咖啡的名字，柴先生便笑著補充：「這裡的咖啡煮得很地道，來這兒的人也都稱讚。」於是聯想柴先生的身分，他兼任中國敦煌吐魯番學會的副會長兼秘書長多年，一定在這裡接待過眾多敦煌學專家吧。交談下來，有感柴先生的不易，在繁忙的編輯工作之餘所做的敦煌學研究，也基本是在「打雜」的狀態下進行，一方面承擔中國敦煌吐魯番學會秘書處和敦煌學國際聯絡委員會幹事的各類雜務，一方面應文化交流與學術普及的需要做些必要的宣傳，常寫一些學術短論和感言、書評類的文章，二三十年下來積攢成《敦煌吐魯番學論稿》《敦煌學與敦煌文化》《敦煌學人和書叢談》等專著，足窺他對於敦煌研究的一顆熱心。

　　說起來，這離不開他的恩師啟功先生。

　　一九六六年，二十二歲的柴劍虹從北京師範大學中文系本科畢業，志願到新疆工作，從一九六八年初夏到一九七八年深秋，柴劍虹在天山北麓的烏魯木齊教了十年書。或許是因為對西北邊陲有一些切身體驗，當他再度踏入北京師範大學中文系就讀研究生時，選擇了以唐代岑參的邊塞詩作為論文題目。這當然也受到導師啟功先生的影響。那時啟功先生已為這個班上的九名研究生講解「唐代文學」。啟先

生講課風趣而透澈，因為教研部門仍按老辦法將中國古代文學分成先秦、漢魏、唐宋、元明清四段，讓教師各講一段，學生亦各攻一段。啟功先生很不贊成這種「分段教學法」，認為不科學、侷限大。他對柴劍虹這九名學生說，文學的發展，常常以歷史的標誌為標誌，某朝某代，什麼初盛中晚，前期、中期、後期。其實文學和歷史，並非雙軌同步。文學家們，並非在開國時一齊下凡，亡國時一道殉節，因此清代袁枚就反對把唐詩分成初盛中晚。啟先生主張，一個作家和作品的上下、前後、左右都不是孤立的，要弄清就需要非常豐富的知識、深入的探索、精煉的選擇和扼要的表達。因此，啟先生在課上不僅常常有意突破「唐宋」這個小框框，還常常突破「文學史」這個大框框，深受大家歡迎。在良好互動中，啟先生感到言猶未盡，就主動提出每星期到宿舍來講一次課，於是在狹小的宿舍裡，啟先生為這九個研究生繼續講了明清詩文和《書目答問》等。「正是這些輕鬆的雜談、對話式的授課，開拓了我們的學術視野，豐富了我們的專業知識。」不僅如此，有時在宿舍講完課，先生便當場為一位同學寫一幅字。啟先生總共在他們宿舍講了七次課，柴劍虹是在第七次講課後被贈予一首啟功自書評蘇東坡的絕句的。

雖然新疆離敦煌不遠，但柴劍虹在新疆的十年中沒有機會到敦煌一遊。一九八〇年初，柴劍虹寫了一篇《胡旋舞散論》請啟先生指點，先生看後說：「我不懂舞蹈，介紹個老師指點你吧。」啟先生提筆給北大陰法魯教授寫了封信，把柴的文章連信一起寄給了陰先生。不久，柴接到陰先生的來信，約去他家面談。陰先生對他的習作提出了修改意見，還將他的文章推薦給《舞蹈藝術》發表，後來又介紹了文化部藝術研究院舞蹈所的老師們給他認識，介紹他去聽課，再後來柴劍虹被推薦參加編撰《中國大百科全書・音樂舞蹈卷》，撰寫整理與研究敦

煌舞譜殘卷的文章等，從這裡開始，柴劍虹與敦煌結上緣分。

　　論及導師，柴劍虹自是非常感恩。從一九七九年秋到一九八一年秋研究生畢業，幾乎每月柴劍虹都要去小乘巷啟先生住處三四次，無論是帶著學業上的問題求教，還是陪先生待客及閒談，或聽先生講說詩文書畫，耳濡目染，其間領受的教益無窮，師生間的感情也逐漸加深。1981 年夏，在柴劍虹碩士論文答辯順利完成後，面臨工作去向時，啟先生特地向中華書局推薦了柴劍虹，並交代說：「書局舉辦的《學林漫錄》二集已經發表了你的文章，傅璇琮先生又參加了你的論文答辯，已經對你有所了解，到書局也有利於你繼續做學問。」

　　當時中華書局是要培養學者型的編輯。柴劍虹分在文學編輯室，剛去不久，一位副總編輯推薦他去蘭州參加敦煌文學座談會，這是「文革」以後全國第一次關於敦煌的學術會議。當時要求書局的編輯每年參加一次學術討論會，而且必須寫相關的論文，柴劍虹就利用先前對敦煌寫卷的一些了解，寫了關於敦煌卷子中唐人詩歌的文章，獲得好評。會議召開是在一九八二年夏天，會後安排代表參觀敦煌，這也是柴劍虹第一次到敦煌。

　　「那時候沒有鐵路直達敦煌。我們坐火車到了柳園。柳園這個車站我很熟悉，因為去新疆也會經過這個站。但這個車站離敦煌還有一二〇多公里，得再搭長途班車，但班車一週只有兩三趟，我和南京大學的一位教授，最後找到一輛運煤到柴達木盆地的卡車，跟司機說，把我們捎去敦煌。我們坐在卡車裡顛簸了四個小時，有一段搓板路非常顛，腦袋都要撞到車頂上了……那是我第一次看敦煌，很震撼……」

　　我們在訪問中，屢次遇到這樣的情形，關於人們相遇敦煌的第一印象，大都非常深刻，至於形成深刻的那些具體內容，哪幅壁畫，什麼形象，卻不怎麼記得清楚。柴劍虹找出了一九八二年八月二日清晨

寫於莫高窟前的詩作為輔證：

> 莫高窟之晨
> 當義和駕車從三危山頂駛出之時，
> 多情的青鳥展翅飛向了人間。
> 當莫高窟披上一身燦爛霞裝之際，
> 活潑的飛天睜開了惺忪睡眼。
> 踏進這些珍藏無價之寶的洞窟時，
> 我眼前展現出神祕而絢麗的世界。
> 清晨的鳴沙山是靜謐的，
> 夏日的宕泉水是平緩的，
> 我的心卻追溯著歷史長河，
> 翻捲起無法平息的波瀾……

　　讓柴劍虹印象深刻的還有兩點，那時的洞窟普遍開放；那裡工作人員的生活很是艱苦，但研究院的同仁卻能幾十年這樣地堅持下來。

　　二

　　因為有了一九八二年的基礎，一九八三年召開全國敦煌學研討會時，柴劍虹積極撰文參加。那次會上成立了中國敦煌吐魯番學術研究會，季羨林先生被大家一致推舉為學會會長。柴劍虹成為了該會的第一批會員。

　　敦煌學初期，由於藏經洞文獻一面世就遭劫掠而流散海外，學界首先要花費大量精力在資料的收集整理上，所以理論、體系上帶有先天不足。老一輩專家學者篳路藍縷，或遠赴英、法等國搜尋珍物，或潛心整理留存國內的劫餘寫本，比勘考訂，編制目錄，在敦煌文獻研

究上取得了初步的成果；然而十年浩劫，又致使研究停頓，落後於日本及歐洲一些國家，及至七〇年代末，有學者稱，「敦煌在中國，敦煌學在日本」。彼時現狀是總數不足百名的學者，各自為戰，國內唯一的敦煌學研究機構敦煌文物研究所也在經過「文革」後元氣大傷，季羨林先生在這時盡心竭力地聯絡與團結學界同人，爭取各級領導支持，經過近一年的艱苦籌備，終於在一九八三年創建了中國敦煌吐魯番學會。會後，季先生、常書鴻等二十二位專家聯名寫信給鄧小平等中央領導，制訂了近期敦煌學研究的六項具體任務，提出：我們完全有可能用較短的時間迎頭趕上和超過海外的學術水平。

之後幾乎每兩三年都舉辦敦煌學國際學術討論會；在北京和敦煌建立了兩個敦煌學資料中心；創辦了多所相關的研究機構；設置了專門的博士點和碩士點，培養了數以百計的專業人才，發表的專著與論文舉世矚目；與國外同行的交流合作也取得極大進展。一九八八年，季先生在北京研討會的開幕式上提出：「敦煌在中國，敦煌學在世界」。

「這已經是不爭的事實。」在柴劍虹的印象裡，季先生對學生後輩的教育既嚴且慈，平實簡明，他和學生談話，總是要言不煩，往往寥寥數語即點撥迷津。

一九八三年研討會會下，季先生對柴劍虹等幾位年輕人說：「你們跟我學梵文吧。」柴劍虹問季先生需要多長時間學會。答，最少五年吧。其實柴劍虹上研究生時曾學過三個月的梵文，覺得實在掌握不了——當時只有俄文教材，要通過俄文學習梵文，痛苦不堪的他只好打了退堂鼓。這次季先生提出要求，柴也直接地說，那還是算了吧。季先生也沒再說什麼。但季先生對中西文化交流的重視、對年輕人才的培養的重視是顯見的，這次會後，季先生要求柴劍虹協助他做學會的一些協調組織工作，因為柴劍虹常年在北京，中國敦煌吐魯番學術

研究會的秘書處也在北京，季先生便推薦柴劍虹擔任學會的副秘書長。當時柴不算最年輕的，但是最年輕的那批會員之一。至今柴劍虹也不將自己歸為「學者」，他與敦煌學的關係，用他自己的話説，「自己感到，我寫的一些文章基本上還適應敦煌學普及與研究的需要」。

柴劍虹著述頗豐，涉獵範圍也廣，雖然他説喜歡敦煌飛天，讚美敦煌飛天，卻於繪畫是外行，但在他的論文裡，對於線描造形、空間表現、色彩裝飾等均有精確到位的評述。就在他剛發表於《敦煌研究》的《壁畫絲蹤——兼及觀瞻斯里蘭卡石窟得到的啟示》一文中，他細膩的發現著實令人吃驚，在隋唐洞窟的一些飛天壁畫裡，細觀其飄帶的形態，應該可以得出它們的材質均是家蠶絲絲綢。這個經驗的獲得最早源於柴劍虹的父親。他父親是一位專門研究絲綢技術的工程師。二十世紀六〇年代中有一次父子到民族文化宮看演出，遠處有幾個舞蹈演員揮舞著綢帶，父親就説，這個綢帶不是真絲的，是尼龍綢的。柴劍虹就奇怪，問父親：你怎麼知道是尼龍綢的？父親説不同材質的飄動感是不一樣的。柴劍虹恍然悟出，對比西方教堂裡帶著很大翅膀的天使，我們的飛天飛得漂亮輕盈，也因為穿的是真正中國的絲綢，畫工們在畫中融會了生活的實際體驗。

雖然中華書局培養的是學者型編輯，但對於學者而言，編輯卻具備將專業語彙吸納轉化、使之方便傳播的能力。必然跟職業訓練有關，因此一方面作為學會的密切溝通者，柴劍虹自覺不自覺地加入到了敦煌學研究的隊伍中。向內檢視，無外乎是緣於對敦煌本身的喜愛，另一方面則由於對恩師情誼的珍重。

「佛教裡講因緣，對我來講也是。常書鴻先生是杭州人，樊錦詩院長也是，包括更早的比如羅振玉、王國維、蔡元培等先生。我覺得江浙一帶，在資產階級民主革命初期，一方面他們繼承國學的好傳統，

另一方面他們不保守，樂於接受新的文化學術思想。受此傳統影響，作為我個人，我也始終覺得自己與敦煌、與佛教文化有一點緣分。」柴劍虹於是談起他在杭州就讀的普化小學，就開辦在斷橋附近的昭慶寺裡。

其實學會裡要負責的瑣碎之事相當多。近年一些老先生相繼去世，常常都要由柴劍虹發一個唁函或打電話，通知學會的理事們。一些學術活動需要出面協調，「比如今年八月我們要在敦煌開研究院成立七〇年紀念大會，我要協調一下，哪些代表去；比如明年一月要在日本京都開會，十四位大陸代表名額，哪些人去，都要一一徵求意見。還有民政部每年三月底前的年檢，商量寫小結，都是特別日常的，為大家服務的工作」。說至此，柴先生話鋒一轉，說：「但是，這些付出也是應該的，值得的。我一直有個想法，我們這一代人，對於我們老師輩，啟功先生、季羨林先生等等，他們的學問我們今天無法企及，但我們已經得益了很多，他們的道德文章已經啟迪了我們很多。另一方面我們也應該將老一輩的道德文章傳給下一代。我過去帶過很多年輕學者去看季老、啟功先生，這樣讓更多年輕人感受到老一輩的風采。學問，是非常複雜的。你不可能什麼都學到。能夠學到他們的十分之一，百分之一就很不錯了。說到底我們是承上啟下的。所有做的這些都是應該的。就算有的年輕人有這樣那樣的不足，我們不應該埋怨他們，是我們自身沒有盡到責任，沒有盡力把老一輩的好學問傳給他們。」近些年來，柴劍虹積極參與了《季羨林全集》《啟功全集》和馮其庸《瓜飯樓叢稿》的編輯工作，認為是理當為學術傳承事業盡一份責任。

半個多世紀之前，人們對敦煌學的認識還模糊不清。姜亮夫先生在《敦煌——偉大的文化寶藏》自序中的一段論述，極為簡明扼要地

概括了何為敦煌學：

　　自從莫高窟六朝，隋、唐寫本藏經發現之後，敦煌學已成為六十年來在國際間享有盛名的中國學術之一。因為它的造型藝術，與許多古文化之邦如希臘、羅馬、波斯、印度的畫法作風，乃至題材，有多方面的相互關係與影響……民族與民族的了解，人類的真正情感交流，乃至真正的和平共處，是在互相了解，了解的一個最重要也最基本的法則，是交通。所以敦煌可以有希臘、羅馬、印度、小亞細亞諸式的藝術，正是這些交流。有了這些交流，才能互以幸福相交換。這也有同於中國絲與紙使歐洲人增加了人生的幸福一樣。這是文化的最高價值，這是文化的最高點。

　　柴劍虹將目光重新凝聚在壁畫中最多姿多彩、動人心魄的敦煌飛天，想像它們作為佛教文化的使者，從古老的印度起飛，曾在阿富汗、尼泊爾歇腳，越過巍巍崑崙，經新疆到敦煌，接受華夏文化的洗禮，飛遍神州大地，又飛向更遠的東方、西方，為全人類所認同、鑑賞。「如果我們細心觀察，就可以從中體味到眾多矛盾的和諧統一：生與死，人與神，內與外，靈與肉，瞬間與永恆，靜止與流動，細膩與粗獷，嚴肅與活潑，單純與繁雜，平淡與奇妙，陽剛與陰柔，輕薄與厚重……我以為，這就是敦煌藝術乃至整個敦煌的魅力所在，這就是充分展現了人文精神的天人合一的境界，這就是世界文明的象徵。」

（本文原載《生活月刊》2014 年第 4 期）

地域文化研究叢書 · 敦煌文化研究叢刊　A0204008

絲綢之路與敦煌學　下冊

作　　者　柴劍虹

版權策畫　李煥芹

責任編輯　曾湘綾

發 行 人　林慶彰

總 經 理　梁錦興

總 編 輯　張晏瑞

編 輯 所　萬卷樓圖書股份有限公司

排　　版　菩薩蠻數位文化有限公司

印　　刷　百通科技有限公司

封面設計　菩薩蠻數位文化有限公司

出　　版　昌明文化有限公司

桃園市龜山區中原街 32 號

電話 (02)23216565

發　　行　萬卷樓圖書股份有限公司

臺北市羅斯福路二段 41 號 6 樓之 3

電話 (02)23216565

傳真 (02)23218698

電郵 SERVICE@WANJUAN.COM.TW

大陸經銷

廈門外圖臺灣書店有限公司

　電郵 JKB188@188.COM

SBN 978-986-496-502-1

2019 年 3 月初版

2020 年 5 月初版二刷

定價：新臺幣 360 元

如何購買本書：

1. 轉帳購書，請透過以下帳戶

　合作金庫銀行 古亭分行

　戶名：萬卷樓圖書股份有限公司

　帳號：0877717092596

2. 網路購書，請透過萬卷樓網站

　網址 WWW.WANJUAN.COM.TW

大量購書，請直接聯繫我們，將有專人為您

服務。客服：(02)23216565 分機 610

如有缺頁、破損或裝訂錯誤，請寄回更換

國家圖書館出版品預行編目資料

絲綢之路與敦煌學　下冊 / 柴劍虹著.-- 初
版.-- 桃園市：昌明文化出版；臺北市：萬
卷樓發行, 2019.03

　冊；　公分

ISBN 978-986-496-502-1(下冊：平裝)

1.敦煌學 2.絲路

797.9　　　　　　　　　　　108003227

本著作物經廈門墨客知識產權代理有限公司代理，由浙江大學出版社授權萬卷樓圖書股份
有限公司出版、發行中文繁體字版版權。

本書為金門大學產合作成果。　　　　　　　　校對：武玉珊／華語文學系四年級